D1354376

CARWYN
un o 'fois y pentre'

CARWYN
Un o 'fois y pentre'

GWASG GOMER
1983

Argraffiad cyntaf — Rhagfyr 1983

ISBN 0 86383 086 2

Dymuna'r cyhoeddwyr gydnabod cymorth a chyfarwyddyd Adrannau'r Cyngor Llyfrau Cymraeg a noddir gan Gyngor Celfyddydau Cymru.

Cedwir pob hawl. Ni ellir atgynhyrchu unrhyw ran o'r cyhoeddiad hwn na'i gadw mewn cyfundrefn adferadwy na'i drosglwyddo mewn unrhyw ddull na thrwy unrhyw gyfrwng, electronig, electrostatig, tâp magnetig, mecanyddol, ffotogopïo, recordio, nac fel arall, heb ganiatâd ymlaen llaw gan y cyhoeddwyr Gwasg Gomer, Llandysul, Dyfed.

*Argraffwyd gan J. D. Lewis a'i Feibion Cyf.,
Gwasg Gomer, Llandysul, Dyfed*

Roeddwn yn chwarae i Gefneithin yn erbyn Sgiwen yng nghystadleuaeth Cwpan y Gorllewin a gyda dwy funud i fynd roeddem ar ôl o wyth pwynt i chwech. Yna, enillodd Cefneithin y bêl a daeth yn ôl imi. Penderfynais y buaswn yn anelu at gôl-adlam yn hytrach na phasio'r bêl allan. Cynigais arni ond gwyrodd y bêl y tu allan i'r pyst. Clywais lais ysgrifennydd y clwb, Emlyn Asa Williams yn gweiddi . . . 'O, uffa . . . Hwre!' Ar yr eiliad olaf chwythodd pwff sydyn o wynt y bêl yn ôl i'r cyfeiriad iawn ac enillodd Cefneithin y gêm. Dyna'r pryd sylweddolais pa mor fychan yw'r ffin rhwng parch ac amarch ym myd rygbi.

CYNNWYS

RHAGAIR

Diwrnod braf o Hydref ym 1960.

Fy niwrnod cyntaf fel disgybl yng Ngholeg Llan-ymddyfri. Ymhen pum munud, roeddwn yn dioddef pwl cas o hiraeth—heb gysur, heb gwmni. Yna fe'i gwelais—yn sefyll yn ffenestr hir ei 'oruwch ystafell' yn bwrw golwg dros fuarth yr ysgol fel sgweiar yn bwrw golwg dros ei ystad. Dyma'r dyn y ces ei lofnod ar faes y Strade flwyddyn ynghynt. Diflannodd o'r ffenest. Ymhen munud neu ddwy, roedd wrth fy ochr yn fy nghyflwyno i grwtyn arall mewn dillad newydd. Cymro o Bumsaint a dyfodd yn gyfaill agos.

Bu Carwyn yn athro Cymraeg arnaf am wyth mlynedd ac yn athro tŷ am chwe blynedd. Mae'r atgofion am y cyfnod yn niferus:

Cofio rhwymynnau am ei fysedd ar ôl iddo gydio yn ein peiriant gwneud tost—peiriant a oedd hefyd yn cyn-hesu'r ystafell.

Cofio'r olwg ar ei wyneb pan aeth ei gar ar dân ynghanol Llundain ar drip rygbi, a finne fel ffotograffydd swydd-ogol y daith yn tynnu llun o'r olygfa.

Cofio'r galwyni o goffi du a yfodd aelodau'r V1ed dos-barth yn ystod y gwersi Cymraeg.

Cofio'r cyffro pan gyhoeddodd y *Western Mail* fod ein hathro tŷ yn sefyll lecsiwn.

Cofio'r adeg pan geisiodd rhoi'r gorau i ysmygu. 'Cadw'n glir' oedd y polisi sicraf. Trodd at siocoled yn lle sig-arennau, a llyncodd bentwr o *Five Boys* cyn cinio!

Cofio'r gwersi Cymraeg yn dechrau tua deg o'r gloch y nos ac yn gorffen ymhell ar ôl y canol.

Cofio cyrchu llond côl o sieciau i'r banc drosto.

Cofio'r gath fach a fabwysiadwyd gan Dŷ Cadog—Byntsi. Stafell Carwyn fu cartre'r gath am flynyddoedd.

Cofio ateb y ffôn (Llanymddyfri tri-pump-un) a nodi negeseuon o bedwar ban byd.

Cofio cael fy ngalw i'w stafell i gadw cwmni i Kate Rob-erts gan fod ganddo oed yn rhywle.

Cofio teithio yn ei gar Reily llwyd i Ruthun i Eisteddfod yr

Urdd—y tro cyntaf erioed i nifer ohonom fod yn y gogledd.

Cofio'r car Rofer dwy fil—car a fu heb gêr wrthol am fisoedd!

Cofio'r bore iddo dderbyn llythyr oddi wrth un o Lewod 1968 yn Ne Affrig, a'r drafodaeth a ddilynodd ar y cyfarchiad *Annwyl Garwyn*.

Cofio'r gêmau rhyngwladol ar y teledu. Trigain neu fwy o fechgyn, ynghyd ag athro neu ddau, yn llanw ei ystafell hyd at yr ymylon—Carwyn fel brenin yn y canol.

Cofio'r streic fwyd yn yr ysgol: y disgyblion yn gwrthod bwyta gan gwyno am ansawdd y bwyd. Carwyn, wedi 'pregeth' fer yn dilorni'r syniad, yn palu ei ffordd yn boenus o araf trwy blataid o datws dyfrllyd a dau bysgodyn na welsant fôr ers misoedd!

Cofio'r ymarferiadau partïon cydadrodd a dramâu ar gyfer Eisteddfodau'r Urdd a'r ysgol. Perffeithrwydd oedd y nod bob tro.

Cofio'i falchder pan ddanfonodd Tŷ Cadog deligram ato fore'r gêm rhwng Gorllewin Cymru a'r Teirw Duon yn Abertawe.

Cofio'r wên lydan a'r awgrym gwerthfawr (ond anghyfreithlon) pan benderfynodd tri ohonom wrthod ymuno â 'sowldiwrs bach yr ysgol' i ymladd dros y Saeson. "Peidiwch troi lan bois, fe fydd pawb wedi anghofio amdanoch cyn pen pythefnos". Gwir pob gair.

Diwrnod gwlyb o Hydref ym 1971.

'Roeddwn i, erbyn hyn, yn byw yn yr ystafell lle gwelais Carwyn un flynedd ar ddeg ynghynt. Syllais allan trwy'r ffenest a gweld fy hen athro yn cerdded nôl a mlaen o flaen camera wrth y capel. Dysgu ei 'linellau' 'roedd e ar gyfer golygfa i'w raglen deledu *The World of Rugby*. 'Roedd hi'n bwrw glaw, a danfonais un o'r disgyblion â'm humbarél lawr ato. Nôl â'r bachgen: "Ma'r dyn yn dweud diolch yn fawr, ac all e gâl benthyg copi o *Te yn y Grug*." Dros baned amser te ces eglurhad. Ymhen teirawr, 'roedd Carwyn yn arwain dosbarth nos ym Mhen-y-bont ar Ogwr—Kate Roberts y llenor dan sylw.

Ymhen blwyddyn, clywais fod Carwyn yn siop lyfrau Llanymddyfri yn arwyddo copïau o'i lyfr. Es lawr i dynnu llun i'r *Lloffwr*—ac i brynu copi. Fe'i harwyddodd gan wenu: *Oddi wrth las awdur at awdur profiadol* (sic). Dyna'i hiwmor.

Mis Ionawr 1983. Clywed am farwolaeth Carwyn ar y newyddion amser cinio, a ches bwl cas arall o hiraeth.

Carwn ddiolch i Dewi James, Llandysul—brawd Carwyn, am bob cymorth ac awgrym gwerthfawr; i olygyddion *Y Faner* a *Barn* am gael dyfynnu o'u cylchgronau; i'r ddau gartwnydd, Gren a Dorrien, am gael cynnwys eu gwaith; i Tom Marks, David Beck a Mrs Rita Williams am fwrw golwg dros y proflenni; ac i'r llu o bobl o Gefneithin i Gaerdydd a fu'n rhannu profiadau â mi—pob un ohonynt ag atgofion melys am gyfaill addfwyn, diymhongar, a phob un yn ei gweld hi'n chwith hebddo. I gloi, diolch i Dyfed Elis Gruffydd a Gwasg Gomer am eu cefnogaeth.

Rhagfyr 1983   *John Jenkins*
                                        Coleg Llanymddyfri

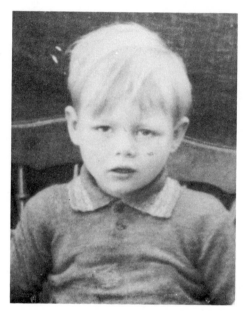

Carwyn ym 1933

BYWGRAFFIAD
John Jenkins

'Mae'n ofid arnaf gysidro pa gymaint o ddiddordeb fyddai gennyf mewn rygbi pe'm ganesid a'm codasid yn Rhydlewis yng Ngheredigion.' Ond mudo i Rose Villa, 2 Heol yr Ysgol, Cefneithin, nid nepell o Lanelli a wnaeth Michael ac Annie James, ac yno, ar yr ail o Dachwedd 1929 y gwelodd eu pedwerydd plentyn—Carwyn Rees—olau dydd gyntaf. 'Clywais fy rhieni'n sôn am fy ngholli ar brynhawn Sadwrn, yn dwlpyn teirblwydd swil, na fentrai byth o olwg y tŷ, a'm cael ar ôl oriau pryderus o chwilio, yn cwato'n llonydd o olwg pawb ac yn pipio ar y chwarae ar barc y pentre.'

Pentref clòs yw Cefneithin—pentref lle mae pawb yn adnabod pawb ac yn rhannu profiadau. Roedd yn gas gan Michael James ei waith ym mhwll glo Cross Hands a gwaharddodd ei feibion—Dewi a Carwyn—rhag gweithio yno yn ystod y gwyliau. Annodweddiadol o deulu cymharol dlawd mewn ardal Sosialaidd oedd derbyn y *Daily Express*, a'r un mor annodweddiadol oedd i'r ddau frawd alw'u rhieni wrth eu henwau bedydd.

Mewn rhaglen deledu, maentumiodd Carwyn fod awyrgylch ardal yn dra phwysig. Am fod cenedlaethau o blant yn cael cyfle i wylio chwaraewyr yn ochrgamu'n naturiol ar draws y caeau rygbi lleol, maent hwythau, yn eu tro, yn tyfu'n chwaraewyr tebyg. Dyna fu hanes Carwyn James. Pan oedd yn grwtyn, arferai ymlwybro i barc y Cefen i wylio Iestyn James yn ymarfer.

Fy anrhydedd i oedd bod yn was bach i Iestyn pan fyddai wrthi'n ymarfer cicio. Swydd bwysig gan mai ef a drosai bob cais a phob cic gosb i'r tîm. Safwn y tu ôl i'r pyst tra ciciai yntau o bob ongl bosibl ac o bob safle cyn belled â'r llinell ganol. Anaml y gwisgai ei dogs ffwtbol i ymarfer—rhodres fyddai hynny. Gwelaf ef nawr yn ei sanau brown, llydeinfawr. Chwe throedfedd o lanc cryf, cyhyrog (i lygad plentyn beth bynnag) a gallai redeg yn gynt na'r un milgi. Pan redai ar yr asgell, tyngech fod ei wallt crych-goch yn herio unrhyw wrthwynebydd i ddod o fewn degllath iddo a gwyddwn bod ei hwb llaw mor effeithiol â chic asyn.

13

Orfa—tîm pêl-droed clwb ieuenctid y pentre oedd y tîm cyntaf y bu Carwyn yn aelod ohono, ac yn ystod tymor 1945-46 bu'n chwarae'n gyson i dîm cyn-ddisgyblion ysgol Cefneithin. Yn bedair ar ddeg oed cafodd gynnig prawf i dîm pêl-droed Caerdydd, ond gwrthododd. Pan aeth i Ysgol Ramadeg y Gwendraeth, y drefn ar ddyddiau Sadwrn oedd chwarae rygbi dros yr ysgol yn y bore, a thros y pentref yn y prynhawn.

Cafodd chwe chap dros Ysgolion Uwchradd Cymru dros gyfnod o ddau dymor. Ef oedd y capten yn ei ail flwyddyn. Ar Barc Ynysangharad, Pont-y-pridd y cafodd ei 'gap' cyntaf —yn erbyn Swydd Efrog. Ym 1947, tra oedd yn dal yn ddisgybl yn y Gwendraeth, fe'i gwahoddwyd i chwarae dwy gêm dros Lanelli. Bedydd terfysglyd gafodd—ar Gae'r Bragdy ym Mhen-y-bont ac ym Mhont-y-pŵl.

Cyfnod hapus iawn oedd 1941-48—y cyfnod a dreuliodd yn Ysgol Ramadeg y Gwendraeth, Dre-fach. Mewn cyfrol a gyhoeddwyd ym 1975 i ddathlu pen-blwydd yr ysgol, ysgrifennodd:

> Rown i fel pawb arall yng Nghefneithin wedi cael y dewis rhwng ysgol Llandeilo neu'r Gwendraeth. Gan fod Dewi 'mrawd yn Llandeilo ishws, roedd y dewis i mi yn ddigon hawdd a di-boen.
>
> Nid cwbl ddi-boen fy niwrnod cyntaf yn yr ysgol, er hynny, a dwy ddim yn cyfeirio at y poenydiau arteithiol, erchyll a gwlyb a arllwysir ar bennau bychain, diniwed mewn basn ymolchi gan fechgyn hŷn! Na, dim o gwbl, rown i fel pob newydd-ddyfodiad arall yn barod am hynny ac, yn dawel fach, yn falch o'r perfformans.
>
> Y sane oedd fy ngofid i. Mam ffrind i mi o'r Cefen, yn 'i seithfed nef am fod Gwyn bach wedi pasio'r scolarship, wedi bod wrthi mor ddyfal â'r wenynen drwy'r haf yn gwau dau bâr o sane, sane nefi bliw a thops melyn. Yn nyddiau'r trowsusau byr roedd y sane yn cyrraedd hyd at ben-glin, felly roedd 'na ddigon ohonyn nhw, hynny yw, roedden nhw'n amlwg ddigon. Sôn am embaras! Fe fydde Ifans y Tryc yn embaras hefyd. Petawn i wedi gorfod mentro i'r Gwendraeth mor noethlymun â'r bore y'm ganed i fyddwn i ddim wedi teimlo'n fwy anghysurus.
>
> Sôn am dynnu sylw! Fel petai dau o gefnogwyr Manchester United (ond bod y lliwie'n wahanol) wedi mentro i wersyll y Spurs a phob un o'r rheiny, yn ei dro, am wneud rhyw

14

sylw bachog am brydferthwch y gwlân, y gwau neu'r gwisg-wr.

Mam druan yn serchog ddigon fel arfer pan gyrhaeddais i adre ar derfyn fy niwrnod cynta yn Ysgol y Gwendraeth ac yn cael ateb annisgwyl, cwta, di-serch i'w chwestiwn, 'Shwd ath hi?' 'Dim rhagor o'r blydi sane 'na i fi!'

Anghofia i fyth yr Eisteddfodau. Un o'r Cochion own i, dan ddylanwad y plant hŷn i ddechrau ac yna nes ymlaen yn cael derbyn cyfrifoldeb a chario'r traddodiad ymlaen. A chyfle i siarad yn gyhoeddus yng nghyfarfodydd yr Urdd, perfformio ambell ddrama, canu mewn côr. A chael y cyfle i ddarlledu am y tro cyntaf yn y cyfnod pan oedd plant Aber-tawe yn rhannu'r ysgol a Tysul Jones yn mynd â phedwar ohonom ni i gymryd rhan mewn cystadleuaeth holi yn stiw-dio Caerfyrddin a Hywel Davies yn holi.

Os mai Iestyn James oedd eilun Carwyn, Carwyn yn ei dro oedd eilun un arall o fechgyn y Cefen—Barry John.

Pryd bynnag yr âi Carwyn allan ar y parc i ymarfer, buan y byddai criw o fechgyn yn casglu o'i amgylch. Fi oedd y cyntaf yno bron bob tro! Roedden ni'n arfer cyd-redeg, a phasio a chicio'r bêl ato fe. Rhaid ein bod yn boendod ac yn niwsans ar brydiau ond ddywedodd e byth wrthon ni am ei heglu hi oddi yno a rhoi llonydd iddo. Dyn amyneddgar iawn, ac mae'n siwr ei fod e'n cofio ei lencyndod ei hunan yn gwylio Cefneithin mor aml ag y medrai ac yn ennill tair cein-iog y gêm wrth gyrchu'r bêl o erddi cefn y tai. Ymhen tipyn, fe fyddai e'n ein galw ni ynghyd, eistedd ar ei sodlau a siarad am rygbi. Fe ddangosodd i mi sut i ffug-basio ac ochrgamu —yn union fel y dysgodd e trwy wylio Haydn Jones a Bleddyn Williams.

A thorri trwy ryw 'set o facs',
A sgorio cais mewn dŵr a llacs.

Coleg Prifysgol Cymru, Aberystwyth

Coleg Aberystwyth oedd unig gais prif ddisgybl y Gwen-draeth ar ei ffurflen gais i Fwrdd y Prifysgolion. 'Dyna'r unig le i astudio'r Gymraeg.' Yn ystod ei gyfnod yno, llwyddodd i arwain tîm rygbi'r Coleg, chwarae criced, dal swydd llywydd cangen Plaid Cymru ac is-lywydd Undeb y Myfyrwyr, gan goroni'r cwbwl drwy ennill gradd yn y Gym-raeg.

15

John (Alfie) Brace, brother of Onllwyn, both products of Gowerton Grammar, was the resident College fly-half, so I had to be content with playing for the 2nd XV and Aber Town for a couple of months until Alfie decided to play for the town side. I thoroughly enjoyed my rugger at Aber, mainly, I suppose, due to the marvellous spirit of the team. We were a cliquish lot, we drank coffee together every morning in the refectory, we took over the Ship for our after-match sing-songs, and big Roy Williams who later became a professional with Wigan would sing, 'I wonder who's kissing her now'. Lem Evans would give a fair impression of Al Jolson, and dear 'Myfanwy' was always popular. The trips from College to the mining villages of Tumble, Llandybïe, Pontyberem, and the wonderful hospitality laid on were occasions we looked forward to with relish. When the ex-servicemen had at last disappeared from the College scene, and there was a little tightening on discipline, Dr Lily Newton, the new Vice-Principal, was most understanding of the problems facing the captain of the wild young men of the Rugby Club!

Cefneithin R.F.C., quite a force in the Llanelli League in the late forties, only achieved full W.R.U. status during the 1948-49, season thanks to the drive and influence of Ivor Jones and Ewart Davies. During my first year at Aber I occasionally travelled home to play for Amman United in the West Wales League competition. I don't think Lloyd Morgan approved of my playing for the Amman at all; I have a sneaking feeling as well that he was displeased with the dramatic effect achieved by his opposite number in the Amman Valley, an equally strong and well-known personality, Bertie Davies. Bertie headed a deputation of five Amman United high officials and committee men which came to see me at my home one dark evening to persuade me to play for, 'the best and richest team in Wales', as Bertie put it. The others said very little (I think they were there for the theatre), but it was my transfer back to the Club. In turn, I insisted on the Amman *prima donna* treatment when it came to a mid-week Cup match, but after losing in the first round, Lloyd, in front of many of the local pundits had the last word as I boarded my hired, chauffeur-driven vehicle bound for Aberystwyth:

'Make the most of it! That's the last bloody taxi you'll have.'

16

Y Llynges

Gan fod rhaid i bob gŵr ifanc dreulio cyfnod yn y lluoedd arfog, ymuno â'r Llynges a wnaeth Carwyn, a'i froliant oedd na welodd gip ar long yn ystod y ddwy flynedd. Treuliodd Leading Coder Special James D/MX 918946 ddwy flynedd yn dysgu Rwsieg mewn swyddfa ymhell o sŵn y môr, yn gyntaf yn Coulsdon yn swydd Surrey mewn gwersyll y Fyddin, ac yna, wedi pedwar mis yn R.A.F. Wyttall, ger Birmingham, tra oedd ei gyfeillion 'on manoeuvers' yn Cuxhaven yn yr Almaen, 'nôl i Devonport i chwarae rygbi a chriced.

Cyn hir, roedd tîm y Cymry yn Llundain wedi bachu'r maswr talentog.

I hated the whole idea of being in a military establishment. I rather resented having to do National Service, and having taken an honours degree in Welsh I found five hours of Russian per day, plus an inordinate amount of preparation in the evening rather tiresome. It was a great joy to be able to escape on Saturday mornings, away from the parades and the divisions and the bull to a reasonably civilised community at Herne Hill where the feeling at the ground and at the Half Moon, their social headquarters in those days, was intensely Welsh—far more so than at any rugby ground in Wales.

I had more than my share of luck getting into the Navy side. The resident full-back was the captain, Lieutenant Frank Fenner, a strong man, fearless to the tackle and the rush and a powerful kicker; in fact, Frank played according to the text-book. Because of dreadful wintry conditions, the Navy versus Devon match couldn't be played and so, the following week, a trial match was arranged by the sole R.N. selector—Captain H. C. Browne, in which Frank and I were the respective full-backs. Knowing that I was an afterthought, and that I had nothing to lose, I lived dangerously, attacked at every conceivable opportunity along different angles. I had the luck to drop three goals, and the poor selector was put into the position that he had to play me at Twickenham versus the R.A.F. What I remember vividly is receiving a part-congratulatory, part-briefing letter from Captain Browne, who was obviously uneasy about a certain facet of my game, the gist of which I can recall if not the exact wording:

17

Dear James,

There are three things I want you to do on Saturday.
Number one, tackle; number two, tackle; and number
three, tackle.

Typically English, I thought, until someone told me that
its author was Irish! Certainly the letter was most un-Welsh.
I prided myself on belonging to the school of non-tackling
Welsh fly-halves in the best tradition of the Lewis Jones,
Cliff Morgan self-effacing philosophy which if nothing else
was reassuring. 'Let them score two; we'll score four!', and
in the meantime we'll cover, sweep and if absolutely necess-
ary we'll risk painful physical injury at the corner flag. The
first mid-field fly-half tackler, of the head-on type, that I ever
saw was Micky English, who, like Captain Browne, was
Irish. He can never have belonged to the fly-half union, at
least, not for long.

On April 22nd, I joined the Royal Navy in a tour of the pot-
teries of Limoges and played in a typically tough battle
against a French Regional Selection and partook of a mar-
vellous, long banquet afterwards, sufficiently long to match
the entente-cordial speeches, of which one was memorable.
Delivered by no less a personage than Captain H. C. Browne,
D.S.O., C.B.E., R.N., resplendent in his naval uniform with
medals to match, he delivered a rousing, humorous speech
to match the occasion, but it was all rather marred by one
minor detail. Occasionally, in order to refer to his notes and
his French, he wore a monocle, which was rather more than
the French players could take at this stage of the proceed-
ings and when one of them jocularly imitated the speaker
with the aid of a dessert spoon for want of a monocle, the next
followed suit and the effect was quite hilarious, although
we, the members of the Royal Navy Team inwardly chuck-
ling, were outwardly at our best disciplined behaviour. The
sight of a whole row of grinning, monocled young men was
too much even for the Captain, and I rather think that we
only got an abbreviated version of a well-prepared after-
dinner speech.

In retrospect, my time in the Navy were happy days of
controlled, sensible, rugby without the self-inflicting
pressures which I was soon to return to.

Wedi ffarwelio â'r Llynges a dychwelyd i Sir Gâr, derbyn-
iodd Carwyn wahoddiad i deithio i Rwmania gyda thîm

18

Abertawe. Ond gan iddo fflyrtan â'r iaith Rwsieg am gyfnod, rhaid oedd gofyn am ganiatâd y Morlys. Fe'i cafwyd.

I made a mental notepromise that I wouldn't try out my Russian on any foreigner, whatever the temptation, a promise which I kept until the night before our departure, when, at a farewell banquet, I was so frustrated at not being able to carry on a conversation with members of the Czechoslovakian Soccer team sitting opposite us that I tried out a little Russian on them and got an immediate response, whereupon Joan, our official interpreter, a doctor and a charming lady, on overhearing my laborious attempts at communicating in a language dear to her, expressed her surprise and admiration and subsequently asked many embarrassing questions to which I gave answers which must have pleased for on the morrow she brought me a copy, in Russian, of a touching, lyrical poem by Lermontov entitled, 'I touch your hand'.

Fu Carwyn erioed yn or-hoff o hedfan, a bu'r daith hon yn un fythgofiadwy iddo.

Getting to Bucharest was the problem. We got to Prague safely, but then our party of twenty four was divided threefold, and I found myself travelling on the first plane to leave the airport, a small, light Russian Dakota. It was the one journey in my life which I wish I had missed. From the outset it was rough, before long we were in the middle of a frightening storm of thunder and lightning, lightning and thunder, each peal of thunder as if proclaiming that the day of judgement was at hand. High in the turbulent skies, bumping along above the Transylvanian Alps, we smiled sickly smiles at one another seeking reassurance that everything was going to be allright. Terry Davies and Billy Williams were on board. Terry laughed; Billy, like me, almost wept. Talk about keeping your head when all around you were losing theirs. Coleridge, on this occasion and on others less ill-fated when facing an All Blacks or any other fearsome pack, would have been proud of the unconcerned, phlegmatic Terry Davies. My mind continually raced back to Cefneithin, to the Chapel vestry and to that part of the public individual prayer which called on the Almighty to grant His ever-present protection, but for the life of me I couldn't find a suitable quotation from a Welsh hymn, rather I found myself against my will in one of those strange

19

'God is a good chap' type of service in the Navy unfeelingly singing 'For those in peril on the sea'. We survived. How, I shall never know.

Clwb Rygbi Llanelli

Ond Llanelli oedd clwb Carwyn, a chyn hir, roedd yn chwarae'n gyson ar Barc y Strade. Un o'r mewnwyr y bu'n cydchwarae â nhw oedd Onllwyn Brace. Meddai hwnnw amdano:

> In style, intent and outlook we were kindred spirits: neither of us was really physically well equipped to meet the rigours of Welsh first-class football and weighing in at under ten stone, neither of us was enamoured with the close attentions given to errant halves in those days. As a result, our approach was mutually enlightened to say the least— the essence was of enjoyment, the execution carefree; only the careworn faces of the Llanelli pack were a deterrent to our nomadic delights, but with an enchanting indifference, he in particular invariably went his own way, because he was always his own man.

> He was for all that a real match-winner and for someone who in his heart of hearts felt that the oval ball was expressly to be handled, as often as possible, he was one of the best kickers of a ball that I can recall—he was a prodigious drop-goal artist, a tactical kicker of such perfection that he undoubtedly struck the mould for Barry John and his ilk and he was particularly fond of the 'grubber' along the ground whilst many a mammoth 'up and under' was manna for his own grateful marauders.

> The pass too, from the willowy frame, was renowned for its precision and exquisite timing whilst his unerring handling was always a scrum half's delight.

Cafodd ddau gap llawn dros Gymru yn nhymor 1958-59, fel maswr yn erbyn Awstralia, ac fel canolwr yn erbyn Ffrainc. Ei anlwc oedd fod cyw bach melyn Caerdydd—Cliff Morgan—yn denu sylw'r dewiswyr. Bu hefyd yn chwarae dros y clwb dethol hwnnw—y Barbariaid.

Gwrthododd gynnig hael Oldham, un o glybiau Rygbi Cynghrair gogledd Lloegr, i droi'n chwaraewr proffesiynol ('Fe ges i ginio ma's o'r boi . . .') a chynnig gŵr busnes o Sais i sefydlu swyddfa insiwrin yng Nghaerdydd, gan ddewis yn

Clwb Rygbi Ysgol Ramadeg y Gwendraeth 1946-47.

Tîm Ysgolion Uwchradd Cymru 1948.

Capten Ffrainc a chapten Cymru cyn y gêm ar
Barc yr Arfau.

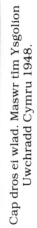

Cap dros ei wlad. Maswr tîm Ysgolion
Uwchradd Cymru 1948.

hytrach dderbyn swydd fel athro Cymraeg yn Ysgol Ram-
adeg y Frenhines Elizabeth, Caerfyrddin. Yno y bu am
ddwy flynedd.

Cafwyd cyfarfod teuluol yn Rose Villa i drafod cynnig y
Sais—Annie James yn 'y gadair'. Gofynnodd am farn Dewi
y bancwr, cyn dedfrydu nad oedd y maes yn un teilwng i ŵr
a chanddo radd anrhydedd. Dysg a orfu!

Y Capel

Roedd y teulu yn aelodau ffyddlon yn y Tabernacl, Cefn-
eithin. Roedd gan Carwyn ddiddordeb cryf mewn crefydd
pan oedd yn grwtyn ifanc. Arferai fynychu'r cwrdd gweddi
ar nos Fercher, a cherddai i wrando ar gewri'r pulpud—pre-
gethwyr fel Jubilee Young a D. J. Lewis (Lewis Tymbl). Ym
1955 fe'i hetholwyd yn ddiacon a bu'n Ysgrifennydd
Gohebol tan ganol y saithdegau. Nid diacon-sêt-fawr
mohono. Mwgyn ar y palmant a sleifio'n dawel i'r sedd gefn
oedd ei arfer, ac ar ddiwedd y gwasanaeth: 'Rhaid i fi'ch
gadel chi, bois . . .' cyn rhuthro i stiwdios y B.B.C. yn Llan-
daf.

Ychydig fisoedd cyn ei farw, roedd wedi awgrymu wrth ei
chwaer y dylent ill dau fynychu capel yng Nghaerdydd yn
rheolaidd.

Coleg Llanymddyfri

Ym 1958 roedd y Parchedig Gwilym O. Williams,
Warden a Phrifathro Coleg Llanymddyfri yn dymuno sef-
ydlu Adran y Gymraeg yn yr ysgol, a phenodi athro Cym-
raeg llawn amser. Aeth i Goleg y Brifysgol, Aberystwyth
am gyngor.

Enw Carwyn James a grybwyllwyd, a derbyniodd
yntau'r 'alwad' yn llawen. Annibynnwr a mab i löwr mewn
ysgol fonedd Anglicanaidd!

Tystia disgyblion y coleg i'w ddawn fel athro. Fawr o
un am nodiadau. Rhywbeth byw oedd llên Cymru: Parry-
Williams, Saunders Lewis, Gwenallt, D.J. Rwy'n cofio dar-
llen *Hen Dŷ Ffarm* yn y wers fore Llun. Brynhawn Mawrth

roedd llond car ohonom yn cyrraedd tŷ Rhys Dafis Williams yn Llanddeusant. Taith arall i gapel yng nghrombil y 'filltir sgwâr' i glywed D.J.'n annerch.

Yma y datblygodd ei ddawn hyfforddi rygbi. Roedd yn dal i chwarae fel maswr i Lanelli, a phrif hyfforddwr tîm yr ysgol oedd T. P. Williams. O dan adain y gŵr hwn y datblygodd Cliff Jones, Vivian Jenkins, Arthur Rees, Rees Stephens a Geoff Evans eu dawn. Roedd T.P. bob amser yn barod i drafod y gêm, ac fe ddysgodd Carwyn lawer oddi wrtho.

Yn ei dro, ar ôl i T.P. ganu'n iach i Lanymddyfri, daeth tro Carwyn i ofalu am y tîm cyntaf. Am dymor cyfan, gwaharddwyd y tîm rhag cicio'r bêl—bron yn gyfan gwbl: ei rhedeg o bob safle oedd y gri. Does dim rhyfedd i'r ddau asgellwr sgorio ceisiadau lu rhyngddyn nhw, ac roedd tyrfaoedd yn tyrru i gae Tredegar i weld y 'chware pert' yma. Gwnaeth y B.B.C. ffilm o gêm rhwng yr ysgol ac Ysgol Trefynwy lle trechwyd y gelyn o ddeugain pwynt, a chafodd ei dangos ledled Cymru fel enghraifft o chwarae da.

> Heb flewyn ar fy nhafod, rwy'n cyfri'r deuddeng mlynedd a dreuliais yng Ngholeg Llanymddyfri y cyfnod mwya ymarferol yn fy ngyrfa. Roedd yr awydd i hyfforddi yn egino yn fy meddwl mor bell yn ôl â 1960, a bûm yn ffodus i weithio gydag arloeswyr fel Cadfan Davies o Ben-y-bont ar gyrsiau y C.C.P.R. Ond y garreg filltir bwysicaf oedd derbyn yr awenau yng nghlwb rygbi Llanelli ym 1969.

Dringo'r Ysgol fel Hyfforddwr

Ym 1967 daeth yr alwad i hyfforddi tîm gorllewin Cymru yn erbyn y Teirw Duon, Carwyn yn hyfforddwr a Clive Rowlands yn gapten. Dyw hi ddim yn ormodedd dweud iddo fwrw gwyliadwriaethau'r nos yn cynllwynio sut i drechu'r ymwelwyr. Pwyswyd a mesurwyd pob symudiad yn fanwl yn ei feddwl ac ar bapur. Cafodd ddweud ei farn pan ddaeth yn amser dewis y tîm, a lluniodd y wadn yn ôl y droed: tri wythwr yn y rheng ôl—Dave Morris (Castellnedd), Bobby Wanbon (Aberafan) a Morris Evans (Abertawe).

Er mai Seland Newydd a gipiodd y gêm 21-14 cafodd tîm

y Cymry a'r hyfforddwr glod mawr, ac roedd yr ymwelwyr wedi cael llond bol o ofn ar ddechrau eu taith.

Derbyniodd Carwyn gais i ddilyn ôl traed Ieuan Evans yn Llanelli a chyn bo hir roedd y crysau cochion hwythau yn chwarae rygbi tebyg i rygbi Coleg Llanymddyfri gynt. 'Roedd byd o wahaniaeth rhwng hyfforddi plant a hyfforddi chwaraewyr hŷn,' meddai, ond roedd wedi bwrw'i brentisiaeth.

'Gêm i'r chwaraewyr' yw rygbi oedd sylw'r hyfforddwr, ac mae'n siwr mai dyna pam yr oedd mor boblogaidd. Gofalai am y chwaraewyr dan ei ofal gan gredu'n gryf y dylent gael y gorau. Yn eu tro roeddent hwy yn ymateb—ac yn ei barchu.

Adroddodd Phil Bennet sut y gofalodd Carwyn fod un o'i blant yn cael sylw arbenigwr yn Ysbyty Glangwili pan oedd yn sâl.

Ar ôl tymor caled, pwysodd Carwyn ar ddeg aelod o dîm Llanelli i chwarae yng nghystadleuaeth saith-bob-ochr Snelling yng Nghaerdydd. Wedi cario'r dydd, nodweddiadol o'r hyfforddwr oedd mynd â'i dîm, ynghyd â'r gwragedd, am bryd o fwyd—fel diolch.

Tommy David:

> He was a genius—well we all know that now, even though he wasn't truly appreciated while he was with us. Those of us who knew him appreciated him though, and perhaps me more than most. His pre-match talks were magical, no bombast to all, no dramatics. 'Just get out there and play your own game,' he'd say. 'Be yourself.'
>
> But I'll remember Carwyn most of all for something he did absolutely out of the goodness of his heart. It shows what a marvellous man he was. I was captaining the Wales B side against France and I was worried because traditionally captains have to make speeches and at about that time, in public anyway, Stanley Unwin would have been more intelligible than me.
>
> Carwyn guessed that something was on my mind, so I told him. He smiled and went away and I thought, 'Great help you are Carwyn,' and went on worrying. The next day he came up to me.
>
> 'Here you are Tom,' he said. 'This might help.'

He had spent the previous evening writing a speech for me. The genius of it was that it was the sort of speech I would have made myself if I hadn't been such a novice. Not a Carwyn James speech: a Tom David speech—written by Carwyn James. As it happened I didn't have to make a speech after all, but that little gesture, that typical thoughtfulness, tells you a lot about Carwyn.

Coleg y Drindod

Roedd gorchwylion ysgol breswyl fel Llanymddyfri yn pwyso'n drwm ar Carwyn ac yn cyfyngu ar ei weithgareddau allanol. Roedd hefyd yn sylwi ar nifer o athrawon yn dal eu gafael yn eu swyddi bras nes cyrraedd oed addewid y llywodraeth ac ymddeol. Felly, trodd i Goleg y Drindod, Caerfyrddin am loywach nen, ac yno y bu am gyfnod.

Llewod 1971

1971 oedd hi pan enwebwyd ef fel hyfforddwr y Llewod Prydeinig. Roedd y dewis rhyngddo ef a Roy Bish, Caerdydd ond Carwyn gariodd y dydd er gwaethaf sibrydion tywyll nad oedd ganddo ddigon o brofiad hyfforddi chwaraewyr o'r safon uchaf ac na fedrai cenedlaetholwr Cymreig fyth uno chwaraewyr o bedwar ban Prydain, ta beth. Gŵyr pawb erbyn hyn am lwyddiant y daith ac am gyfraniad y Cymro tawel. Roedd John Reason—gohebydd y *Daily Telegraph*—yn uchel ei glod: 'Roedd y Llewod,' meddai, 'yn arbennig o ffodus o gael athrylith o ŵr yn hyfforddwr.' Cyn y daith, roedd Carwyn wedi tynnu ewinedd o'r blew yn casglu gwybodaeth oddi wrth bawb a chanddo unrhyw brofiad o Seland Newydd, neu o deithio gyda'r Llewod. Sgwrsio, trafod, dadansoddi am oriau bwygilydd. Roedd ganddo wybodaeth drwyadl am bawb a phopeth, ac ar ganol yr haearn bob tro. Symudiadau siswrn Gogledd Auckland; y dyfarnwyr; hoff-bethau a chas-bethau gohebwyr rygbi y papurau newydd; a hyd yn oed radio a theledu'r wlad. Roedd bob amser yn barod i wrando ac i ddysgu.

Pan ofynnwyd iddo sut deimlad oedd cael ei ddewis fel hyfforddwr Llewod '71, atebodd:

Gostyngeiddrwydd yn gyntaf. Doeddwn i ddim wedi bod yn chwaraewr digon da i gynrychioli'r Llewod fy hunan, ac roeddwn yn edrych ymlaen yn awchus at y sialens.

Treuliais nifer o benwythnosau gyda Doug Smith [y Rheolwr] yn ei gartre yn Essex. Cawsom gyfle i drafod teithiau blaenorol yn ogystal â'r Teirw Duon. Yna, aethom ati i gasglu barn cynifer o bobl â phosib. Gwyliais bob ffilm o'r Teirw oedd ar gael i'm galluogi i ffurfio casgliadau am eu patrwm o chwarae. Darllenais bob llyfr rygbi—ond prin yw'r nifer a gyhoeddwyd yn Seland Newydd. Un o'r mwya diddorol oedd cyfrol Dave Gallaher a gyhoeddwyd 'nôl ym 1905. Mae llawer o'r hyn a ddywed yn berthnasol heddiw. Dengys fod y Teirw Duon yn llawer mwy ceidwadol na ni. Daethont o hyd i batrwm llwyddiannus, a dal ato nerth braich ac ysgwydd. Cesglais gylchgronau o Seland Newydd, ac wrth baratoi manylion ein taith, buddiol oedd pori yn y *New Zeland Almanacks* a gyhoeddir bob blwyddyn. Ces gip ar gryfderau'r gwahanol daleithiau a medrais lunio fy nhimau ymlaen llaw.

Yn ogystal, cesglais farn pawb oedd ag unrhyw wybodaeth am batrwm chwarae'r Teirw Duon. Cafodd John Dawes wahoddiad i'n cwrdd ymhell cyn iddo gael ei ddewis yn gapten. Cawsom sgwrs â Don Rutherford a Ray Williams ynghyd â barn eraill. Profodd hyn yn werthfawr. Roedd eisiau cadarnhau fy naliadau personol i.

Nid bytheirio'n fwg ac yn dân oedd steil Carwyn, ond yn hytrach rhoi awgrym cil llygad i hwn a gair yng nghlust y llall.

Fyddai e byth yn ffrwyno symudiadau Barry John er enghraifft, ac roedd e'n ddigon hyblyg i fedru rhoi llonydd i Barry pan oedd gweddill y giwed yn ymarfer yn galed ar y parc. Nid pob hyfforddwr fyddai'n barod i roi perffaith ryddid i faswr y tîm—ond nid pob hyfforddwr fyddai'n ymwybodol o gymeriad pob chwaraewr unigol. Yng ngeiriau Dewi Bebb: 'Roedd Carwyn bob amser yn foneddigaidd ei agwedd. Gwrandawai'n gwrtais ar bawb oedd yn ei boeni —ac roedd cannoedd o'r rheiny. Ar yr wyneb ni ddangosodd fawr ddim emosiwn ond yn sicr fe gafodd ei siâr o broblemau a oedd yn siwr o fod yn ei boeni.'

'Bwrw dy fara ar wyneb y dyfroedd,' ebe'r adnod, 'canys ti a'i cei ar ôl llawer o ddyddiau.' Dyna'r union beth a wnaeth yr hyfforddwr o Gefneithin. Paratoi manwl.

27

Adroddir hanes amdano yn ffonio'r orsaf dywydd un bore Sadwrn i geisio amcan o'r hin gogyfer ag un o'r profion. Roedd am wybod a fyddai'r gwynt yn newid ei gyfeiriad yn ystod y gêm cyn awgrymu i John Dawes i ba gyfeiriad y dylid chwarae yn yr hanner cyntaf!

Trefnodd fod pob chwaraewr yn cael ei bwyso bob wythnos i sicrhau nad oedd yr un ohonynt yn pesgi fel rhai o Lewod 1968 yn Ne Affrig.

Arferai weithio un awr ar bymtheg y dydd. Os nad oedd yn hyfforddi ar y cae, neu'n cynnal clinig arbennig, roedd yn trafod tactegau neu'n annerch cyfarfodydd tîm, yn cael ei holi gan y cyfryngau neu ar ei ffordd i siarad ag ysgolion, clybiau a hyfforddwyr—prin oedd ei amser sbâr. Roedd bob amser ar gael, ac er gwaetha'r straen anorfod, roedd bob amser yn gwrtais. Câi hi'n anodd cysgu—yn enwedig y noson cyn gêm, a'r unig amser nad ysmygai oedd pan oedd mewn trac siwt ar y cae.

Cyfrinach ei lwyddiant

Beth, ynteu, oedd cyfrinach ei lwyddiant? Soniwyd eisoes am y paratoi manwl, ond roedd gan Carwyn un gallu pwysig—y gallu i drafod chwaraewyr. 'Man management', ys dywed y Sais. Clywais un aelod rhwysgfawr o Undeb Rygbi Cymru yn honni unwaith fod Carwyn yn ffodus fod ganddo chwaraewyr gwych, ac mai y nhw gariodd y dydd. Yn sicr, roedd gan Lewod '71 y deunydd crai, ond roedd gan Lewod '55 gystal chwaraewyr ac ni ddaeth yr un llwyddiant i'w rhan hwy.

Sylwn ar ei agwedd at ei waith yn y tri dyfyniad yma:

> I remember it well, the day I met my '71 Lions for the first time at the Park Lane Hotel. The very first thing I said to them was: 'Look here, be your own man. Express yourselves not as you would at the office, but as you would at home. I don't want Irishmen to pretend to be English, or English to be Celts, or Scotsmen to be anything other than Scots. You each have an ultimate quality to give to this team and you must know that you are able to express yourself in your very own special, singular way, both on the field and off it.'

*

On tour, as coach, you must happily concentrate every minute of the day. You must be a full person and aware that you are surrounded by different kinds of people. If one person likes soccer, you must know all about his favourite team. Or cricket, when the scores are sent over from home. If music, you must have his same ear. Same with theatre. Simply, you must know what drink he likes to drink.

*

A coach and manager must strive to make a Lions team uncliquey, though in my mind, the glorious fusion of national differences, of differing temperaments, can make the whole a vastly more potent force than the sum total of the parts pulling in different directions. Let the Irish be the supreme ideologists off the field and, on it, fighters like Kilkenny cats. Let the rejuvenated English stiffen their upper lips and simply be superior. Even the conservative traditionalism of the Scots, strong, dour, humourless, is marvellously fired these days by the oil of a new found radicalism. And you've also got to let the Welsh be bloody-minded in their triple-clowning, triple-crowning arrogance.

Dadansoddwyd cryfder Carwyn fel hyfforddwr rygbi gan ei gyfaill, John Reason:

Apart from this basic philosophy of rugby football, perhaps his greatest strength as a coach was that he could find an accord with every type of player.

He had the intellect to match the intellectuals and he had the humour and the common touch, like a mean game of snooker, to earn the respect of the others. I never knew a player turn away from him.

He was kindness personified. He was never condemned. His strongest term of approbation was 'Duw, Duw'. Then he would do what he could to put matters right.

He was a builder and a uniter. He never destroyed. He never divided. There was no one more Welsh than he in pressing the claims of players for touring places—indeed I suspect that he would have already installed Ray Gravell as manager of the Lions in New Zealand. But on tour, he was Mr United Kingdom.

He was a great listener too. A great brain picker. But the knack of being successful at those two occupations is being able to discern who is worth listening to and whose brains

29

are worth picking, and being polite and tolerant to the others. No one did that better than Carwyn.

David Frost, gohebydd y *Guardian*:

> The essence of his coaching was his understanding and sympathy for the individual. Humility played a vital role in his coaching in the sense that he would always seek out the opinion of his players and listen to all they had to say. Having done so he would use his sharp intelligence to pull the ends together so that his 15 players made the utmost of their individual collective abilities.

Wil John—un o gefnogwyr Cefneithin:

> Odd dim bachan yn y byd i'w gymharu am ddarllen gêm rygbi 'run fath â Carwyn.

John Hopkins, gohebydd gyda'r *Sunday Times*:

> A Gulliver in a world of Lilliputians.

Croeso Cymreig

Pan ddychwelodd Carwyn i Gymru, lladdwyd y llo pasgedig yng Nghefneithin a Llanelli—pawb yn unfryd unfarn mai e oedd yr hyfforddwr gorau a droediodd faes rygbi erioed. Ond yn rhyfedd, roedd carfan o Gymry yn gwrthod ei dderbyn. Fel y proffwyd diarhebol gynt, roedd syniadau cyffrous Carwyn yn gofyn gormod oddi wrth Undeb Rygbi Cymru ac yn tarfu ar y dyfroedd tawel. Carwyn:

> If I had my time over again I would prefer to be a soccer manager than the coach of a rugby club in which half a dozen or more committee men interfere with selection. At international level five men with exactly the same 'vision' are called annually to present the game.

Fe'i perswadiwyd gan gyfeillion i gynnig am le ar bwyllgor gwaith yr Undeb, ond ni fu'n llwyddiannus. Mae'n siwr iddo gael ei glwyfo'n dost pan wrthodwyd ef gan ei bobl ei hun.

Eglurodd ei farn yn ei gyfrol Gymraeg:

> Mae'r egwyddor o gael pum dewiswr yn anathema i mi. Byddai canfod pump o gyffelyb fryd yn ddim llai na gwyrth

30

ac rwyf yn casáu'r cyfaddawd anorfod. Gan yr hyfforddwr y disgwylir cael y weledigaeth ond i lwyddo mae'n rhaid iddo gael yr hawl i ddewis y dynion fydd yn debygol o ber-ffeithio'r weledigaeth honno. Rwyf yn berffaith ymwybodol fod pobl yn fy ystyried yn drahaus ac wedi taro ar y gym-hariaeth â Brian Clough ac unbeniaid llawer mwy bygyth-iol, ond dyw treigl y blynyddoedd wedi gwneud dim i lar-eiddio fy nghred bendant yn yr egwyddor hon.

Mae pwyllgor dewis wrth reswm yn rhyw fath o amddiff-yniad ac yn gallu rhoi swcwr i'r hyfforddwr. Heb glustog o'r fath fe all swydd yr hyfforddwr fod yn un unig iawn. Roedd fy swydd yn Rovigo yn un unig ond roeddwn yn fwy na bod-lon gan wybod mai fy nghyfrifoldeb i a neb arall oedd sicr-hau'r canlyniadau iawn ac ennill y pwyntiau hudolus yna. Bore Llun a thabl y bencampwriaeth oedd yr unig faen prawf.

Hyfforddwr tîm cenedlaethol Cymru

Mewn unrhyw wlad arall, ac mewn unrhyw gamp arall, byddai Carwyn wedi ei alw i hyfforddi'r tîm cenedlaethol—ond nid yng Nghymru. John Reason eto:

> At one time, the question of Carwyn becoming Welsh coach was discussed, but he felt that the concept of a national selection committee called the Big Five, very much in capital letters and very much part of the fabric of Welsh life, was much too political for its own good and nearly always downright inefficient.
>
> Carwyn wanted to be in sole command, though he did concede that he might permit one or two 'advisers'—of his own choosing.
>
> Rather sheepishly, he told me about this as he looked out of my window and peered over the smoke of one of his end-less succession of stratospherically tarred cigarettes. I shook my head in despair.
>
> 'Carwyn,' I said, 'if you agreed to do the job on their terms for a year, and in that time beat everyone else in the inter-national championship by forty points, you could then make your own recommendations and do the job on your own terms for the rest of your life!'
>
> He chuckled. I think he was as surprised as I was that his insistence of instant totalitarianism got as close to being accepted as it was.

31

The small men said that he could not see beyond the end of Loughor Bridge. Nor could he. He was looking the other way at the time. That way he could see the world.

He was never made national coach, even at a time when he was so much better qualified than anyone else that comparisons were positively unkind. But that was partly his own fault. Carwyn James had a resounding intellect but he had no idea of how to come to terms with the often rather sordid business of acquiring power. For which we are all the poorer.

Croesi Pont Casllwchwr

Ym 1977 penderfynodd Carwyn droi i faes newyddiaduriaeth am ei fywoliaeth, a bu'n cyfrannu i nifer o bapurau gan gynnwys y *Western Mail, Glamorgan Gazette* a'r *Observer.* Bu'n olygydd chwaraeon un o bapurau newydd Llanelli, y byrhoedlog *Llanelli News,* a chyfrannodd i lu o bapurau wythnosol a chylchgronau misol. Yn ystod y blynyddoedd diwethaf lluniai golofn wythnosol i'r *Guardian*—colofn yr oedd darllen mawr arni. Sylwer ar 'feddwl blaenllym' y cymeriad mewnblyg ac unig wrth iddo ddadansoddi'r gêm a garai gymaint:

> Rugby Football is a player's game. He is the warrior who mattered in the primitive society; he takes the field, he does the actual thing, and he should have the qualities of honour, courage and pride in performance. Others: administrators, referees, coaches, scribes, are interpreters of the scene, but they should all observe the similar disciplines if they care for the game—to be interpreters and not mere describers, caring and not knocking, sensible rather than sensational. Such is not always the case.

*

> A young player must think and rethink his game many times over if he wants a first class career. If he does not, it will all be short, sharp and painful. To round up Dylan's lines: 'We shall see the boy of summer in his ruin'.

'Dyma ŵr a oedd yn gyfuniad o Colin Meads a Niclas y Glais,' chwedl Jâms Nicolas. 'Diwylliant y maes chwarae a diwylliant radicalaidd gwerin Cymru, un a oedd yn bont rhwng Cyfandir Môr y De a Chymru.'

Yn un o lu o 'fois y pentre' a aeth i hel ei damaid y tu hwnt i Bont Casllwchwr, ni chollodd ei hiwmor. Ymhyfrydai yn y ffaith iddo dreulio'i ddwy flynedd yn Llynges Prydain heb weld cip o na hwyl na mast.

> I discovered the difference between English and Welsh rugby during my sojourn in the National Service. Playing at fly-half for the Navy I was surprised when I worked the touchline to hear the cultured English tones of the pack leader thanking me most graciously for my sterling efforts. At home, at Llanelli, you only heard the voice of the pack leader when you missed a touch kick. You did not miss a second time.

Cymharer ysgrifennu Carwyn â'r arlwy feunyddiol a geir yn 'mhapur cenedlaethol Cymru'.

> I love an inner calm, a coolness, a detachment; a brilliance and insouciance which is devastating. Like Barry or Gerald. Some sniff the wind—they created it.

Dyma bytiau athronyddol sy'n datgelu, i raddau, gyfrinach y llenor ei hunan—yr 'awenyddol fonheddwr'.

> Rugby football should be played like living a life: fury and fun, chivalry and enjoyment—and for a shorter length of time than, in sane moments, you'd like it to last.

*

> We are breeding robots. We have few thinking players at the moment. The 80s promise little. Perhaps the drudge and the monotony of club training sessions, where everything is done by numbers, has numbed the brain to such an extent that it is incapable of original thought during an actual match. In some clubs players are even ordered not to think. So no wonder they take the wrong options at critical moments.

Oes rhyfeddod fod y Sefydliad ceidwadol, cul wedi ei wrthod?

33

De Affrig

Cododd wrychyn carfan o'r gymdeithas pan wrthododd gyfarfod chwaraewyr rygbi De Affrig pan ddaethant i Lanelli ym 1970. Ebe J. B. G. Thomas: 'Perhaps he regretted his earlier decision not to meet the Springboks because, for all he knew, they were young men like himself, and although a budding politician, I feel that he should have divorced politics from sport whatever he thought of apartheid or Mr Vorster.' Mae'n amlwg nad oedd y newyddiadurwr hwn yn adnabod Carwyn James, ac nad oedd yn deall y sefyllfa chwaith. Teg dweud fod llu o bobl wedi cefnogi ac wedi edmygu ei safiad.

Nodweddiadol ohono fodd bynnag, oedd iddo ailfeddwl ac ailfesur ei farn a'i safiad. Teithiodd i Dde Affrig yn rhinwedd ei swydd fel newyddiadurwr a syrthiodd mewn cariad â'r wlad. Yn *Y Faner* (Rhifyn Eisteddfod 1980) eglurodd ei safbwynt.

> Dwy i ddim yn ymddiheuro am fynd i Dde Affrig. Dyna oedd fy nyletswydd ac wedi bod yno fe fyddwn yn barod i ddychwelyd eto, gan obeithio y gallwn gwrdd unwaith yn rhagor â'r athrawes brofiadol, Martha a'i thrigen o blant mewn un dosbarth, a Petrus a oedd yn gweini yn y tŷ bwyta yng Ngwesty'r Landrost ac a ddysgodd gymaint i mi am fywyd yn Soweto, ac Errol Tobias, y maswr disglair sy ar fin chwarae dros y Sbringboks.
>
> Fe gyfoethogwyd fy mhrofiad i lawer mwy wrth agor drysau a ffenestri nag wrth aros gartre, ac fe gafodd y wasg a'r cyfrynge gyfle am dri mis i gofio fod De Affrig yn bodoli. Heb y Llewod, gellid meddwl, heb ddim. Doedd wahaniaeth yn y byd fod y golffwr gwyn 'i groen o Dde Affrig bron ag ennill y bencampwriaeth amatur ym Mhorthcawl, fod yna Afrikaaners yn cystadlu yn Wimbledon, mai dau o Dde Affrig sy ar y blaen fel batwyr gwyn eu byd ym Mhencampwriaeth y Siroedd ac na fydd gwledydd du yr Affrig yn cystadlu yn erbyn Prydeinwyr yn Chwaraeon y Gymanwlad ym Mrisbane na Chaeredin, ond maen nhw wrth eu bodd yn gwneud hynny'n awr ym Moscow.

Yr Eidal

Ym mis Awst 1977 trodd Carwyn James yn 'Signor James' pan gododd ei bac a symud o Gymru i'r Eidal—i dref Rovigo yn nhalaith Tuscanny, yr Eidal.

Mynd yno am gyfnod o heddwch wnaeth e—seibiant haeddiannol ymhell o brysurdeb a phwysau gwaith darlledwr yng Nghymru. Ei swydd oedd hyfforddi tîm rygbi'r dref, ynghyd â gwneud gwaith cysylltiadau cyhoeddus i gwmni lleol a gynhyrchai beiriannau Jac Codi Baw a'u tebyg. Yma, yn ei fflat yn Via Monti, roedd wrth ei fodd yn ymlacio. Cyfle i ddarllen llyfrau wrth ei bwysau; cyfle i ddysgu pedwaredd iaith; cyfle i gadw dyddiadur; cyfle i ymweld â'r opera a chyfle i groesawu cyfeillion o Gymru.

> Cefais gyfle i fynd i'r Eidal i hyfforddi Rovigo. Profodd yn sialens, a chefais bleser mawr o ddysgu'r grefft o chware rygbi iddynt. Fe geisiais 'ddysgu disgyblaeth' a'u cael i fynegi patrwm yn eu gêm. Roedd fy nghyfnod yn Rovigo yn ffrwythlon nid yn unig o ran gwella safon y rygbi ond o ran astudio seicoleg y gêm. Mae'r Eidalwr o ran ei natur yn fyrbwyll, ac felly mae rygbi wedi bod yn gyfrwng da iddo i ddysgu ei ddisgyblu ei hun. Ond mae e'n deall ei bersonoliaeth ei hun yn dda, oherwydd mae'n hoffi cael hyfforddwr 'estron'. Cefais i groeso brenhinol yno, ac roedd fy nhasg yn llawer iawn rhwyddach i'w gwireddu.

Mewn erthygl yn *Y Faner* soniodd Wynne Lloyd am yr atgof a erys yn Rovigo am yr hyfforddwr Cymreig:

> Pan ddaeth y newyddion am ei farw sydyn dros Eurovision, disgynnodd cwmwl dros y lle. 'Signor James é morto.' Soniodd Angelo Morello (athro a chyfaill Carwyn) am lywydd y clwb rygbi, Giancarlo Checchinato, gŵr dros ei chwe throedfedd a oedd yn flaenwr yn nhîm Rovigo pan aeth Carwyn â nhw i gipio'r bencampwriaeth, yn ei ffonio yn ddagrau mawr ac yn methu â derbyn y newyddion trist. Y Sadwrn canlynol ar faes rygbi Rovigo safai'r ddau dîm a'r dorf am funud o dawelwch cyn y chwarae ac fel arwydd pellach o barch gwisgai pymtheg Rovigo gylch du am y fraich.
>
> Yn y funud honno cofient am yr hyfforddwr cwrtais a ddiolchai iddyn nhw wedi sesiwn o hyfforddi; am y dyn a aeth i holi hynt chwaraewr y tîm arall a gludwyd i'r ysbyty wedi damwain ddifrifol ar y maes.

35

Gelyn mawr Rovigo yw Trevisa, clwb ger Fenis, ac fe wyddai Carwyn yn iawn am y sialens gan fod sefyllfa debyg rhwng Llanelli ac Abertawe. Hyd yn oed ym mlwyddyn fawr y bencampwriaeth pan gludwyd clwb Rovigo i'r Fatican i'w derbyn gan y Pab, ni lwyddodd Carwyn i drechu Trevisa. Felly, roedd gweld yr hyfforddwr yn ymweld â chwaraewr tîm Trevisa o bob tîm yn weithred gwbl annealladwy i'r Eidalwyr. Ond dyna Carwyn.

Gwahoddwyd Carwyn gan Angelo Morello i roi cyfres o ddarlithiau i ddosbarth Saesneg ysgol uwchradd Rovigo—yr ysgol y dysgai Angelo ynddi, ac mae'n debyg i'r myfyrwyr ffoli ar ymdriniaeth eu darlithydd gwadd â 'rhamantiaeth'.

Ond bu Carwyn yn unig iawn am gyfnodau, ac fe dderbyniodd nifer o'i gyfeillion wahoddiad yn eu cymell i hedfan i'r Eidal.

Ar draws ac ar hyd

Nid un i fwynhau cysur aelwyd bob nos oedd Carwyn er y carai hynny ar lawer achlysur. Gwahoddiad i Gaerfyrddin, gwahoddiad i Gaerdydd—y ddau ar yr un noson weithiau. Rhoi addewid i'r ddau. Sylweddoli'n sydyn ond yn rhy hwyr. Awr yng Nghaerfyrddin a chyrraedd Caerdydd ddwy awr yn hwyr! Fel y dywedodd Norah Isaac: 'Roedd y galwadau arno'n lluosog a'i gryfder a'i wendid oedd na allai wrthod neb.'

Tra bod darlledwyr eraill heb fod ar yr un lefel â Carwyn yn codi ffi sylweddol am annerch cynulleidfa, pur anaml y câi Carwyn dâl o gwbwl. Ar un pererindod i grombil Lloegr i annerch Cymry alltud, yr unig beth a gafodd oedd tocyn am barcio'n anghyfreithlon.

John Hopkins:

> His life was a constant race against time and his inability to say no. His car was his office, the back seat his desk, piled high with papers. Occasionally it all collapsed around his ears; occasionally he left his key in the front door while he was out, or he forgot his overcoat left at the house of a friend.

Roedd trigolion Cefneithin yn gyfarwydd â'i weld yn gyrru'i gar trwy'r pentref ar ei ffordd i'r capel ar fore Sul gan eillio'r un pryd!

Gŵr anhrefnus iawn ydoedd—sieciau heb eu cludo i'r banc a chytundebau darlledu heb eu dychwelyd ar wasgar ym mhob ystafell. Anaml y dôi ateb i lythyr ac ar ei ôl gadawai drywydd trwchus o fonion sigarennau John Player.

Pan oedd wrthi fel Ysgrifennydd Gohebol Tabernacl, Cefneithin, un o'i swyddi oedd trefnu pregethwyr gwadd, ac ar fwy nag un achlysur, cyrhaeddodd dau bregethwr ddrysau'r capel yr un bore—un ohonynt yn derbyn ymddiheuriadau dwys yr ysgrifennydd ynghyd â thocyn i'r gêm ryngwladol yng Nghaerdydd!

Roedd yn gas ganddo unrhyw ddyfais fecanyddol, boed glo neu gar. Mae gan un o'i gyd-athrawon yn Llanymddyfri hanesyn am Jâms yn gyrru adref yn hwyr un noson gan gwyno am 'olau melyn yn wincio' arno o fôn yr olwyn lywio. Trannoeth, gwelwyd y car yn cael ei lusgo'n ofalus i gefn cerbyd a'i dywys i'r garej heb ddiferyn o olew ynddo.

Wedi symud i Gaerdydd, bu'n rhannu tŷ Derrick (Doc) Jones ym Mhen-y-lan—gŵr a fu'n gyfaill cadarn i 'mac nabs' am flynyddoedd. Fel chauffeur, prif gogydd ac ysgrifennydd preifat di-dâl, yn aml fe ddeuai'r gri dros y ffôn:

'Rwy yng Nghaerlŷr. Ble rwy fod i siarad heno?'
neu
'Do'n i ddim yn gwybod mai "evening dress" oedd hi i fod. Alli di ddod â'r stwff draw?'
—draw yn golygu taith o awr neu ddwy mewn car!

Pan benodwyd John Dawes yn drefnydd hyfforddi Undeb Rygbi Cymru, symudodd i fyw dros dro mewn gwesty yn y brifddinas. Cydymdeimlodd Carwyn â'i sefyllfa a'i wahodd i symud i mewn i 'dŷ Doc'—tŷ a ailfedyddiwyd cyn bo hir yn *Coach Towers!*

Y Llenor

Bu Carwyn yn olygydd cylchgrawn chwaraeon Cymraeg a gyhoeddwyd gan Wasg Gomer—*Campau* ac yn olygydd adran addysgol *Barn*. Mae'n debyg mai yn *Barn* y cyhoeddwyd y rhan fwyaf o waith Cymraeg Carwyn.

Yn rhifyn Rhagfyr 1963, lluniodd lith ar y *Pumed All Blacks.* Meddai: 'Daw haeddiant ar ôl paratoi'n drwyadl, ac ni ellir paratoi cyn darganfod cryfder a gwendidau'r gelyn.'

37

Yr union feddylfryd a'i cariodd i'r brig wyth mlynedd yn ddiweddarach.

Yn rhifyn Tachwedd 1964, ceir dwy erthygl ganddo. Yn y naill, trin a thrafod cyfrol hunangofiant D. J. Williams, *Yn Chwech ar Hugain Oed* a wna, gan gloi:

> Y nos o'r blaen, fe ges i'r fraint o rannu llwyfan gyda Mr Gwenallt Jones a Mr Gwynfor Evans, y gŵr y cyflwynwyd y llyfr hwn iddo, ac yn y gadair, neb llai na Phegi, chwaer D.J. a hyn yn ysgol fach Rhydcymerau. Roeddwn i'n falch iawn i glywed ei bod hi erbyn hyn yn byw yn Abernant. I mi, roedd honno'n noson fythgofiadwy, a'r filltir sgwâr yn dod yn rhan ddyfnach o'm profiad.

Yn yr erthygl arall—*Ceffylau Bragdy a Dawnswyr Bale* (a luniwyd ar y cyd gyda Tom Davies), dywed:

> Ymffrostia Rwsia a'r gwledydd Comiwnyddol yn eu cymdeithasau di-ddosbarth. Ymffrostia gwledydd y Gorllewin, gwrthgomiwnyddol yn y dybiaeth mai delfryd anymarferol yw hon. Rhaid wrth ddosbarth, medden nhw. Ta waeth, daw tro ar fyd ym mhob cymdeithas. Ac fe ddaeth, gobeithio, ar werin y maes rygbi. Gynt, yn wir, hyd at y flwyddyn hon yng Nghymru (ac nid dylanwad unrhyw Lecsiwn a gyfrif am hyn), roedd yna ddwy gymdeithasol-haen ym mhob pymtheg. Gelwch nhw beth a fynnoch: yr wyth a'r saith, y taeogion a'r tywysogion, y labrwyr a'r lordiaid. A phetai gofod yn caniatáu gallem roi enwau'r naill garfan am y llall; digon fydd dweud yma y galwyd nifer ohonom ni'r pwysau plu yn ddawnswyr bale, yn dylwyth teg ac yn Harlem Globetrotters, ymhlith pethau eraill. Ond roedd angen y dawnswyr bale a'r ceffylau bragdy. Ac allan i'r maes â'r pymtheg, pob un i'w safle, a'r ddwy gymdeithas falch yn ceisio ymdoddi'n un gymdeithas glòs.

Rwy'n cofio Carwyn yn llunio'r erthygl 'Stade Colombes a Pharc yr Arfau'—mewn gwers Gymraeg, a'i glywed yn egluro pam y defnyddiodd bob gair a dewis hyd pob brawddeg. I gloi'r wers, yn dipyn o 'light relief' chwedl y Sais, darllenodd golofn ddiweddaraf J.B.G. i ni.

> Un ffranc ar hugain oedd pris y tacsi o Westy Louvois i Stade Colombes. Pum milltir o yrru gorffwyll a sgwrsio brwd am gyflwr rygbi yn yr Alban a Chymru: Norman Mair, cyn-fachwr yr Alban a phrif ohebydd rygbi 'Y Sgotsmon'

38

erbyn hyn oedd yn traethu'n huawdl am gyflwr y gêm yn yr Alban; minnau, ag un llygad ar y gyrrwr hercall a'r hewl, yn llai huawdl am y sefyllfa gymharol yng Nghymru. Dysgu tipyn. Cyrraedd, ac ymarfer Ffrainc ar fin cychwyn.

Un ar hugain o wharewyr a'r gŵr pwysica yn y Stadiwm efalle, Jean Prat, yr hyfforddwr neu'r cyfarwyddwr tacteg fel y'i gelwir ef yn Ffrainc. Cylchu'r cae ryw bedair neu bum gwaith (nhw nid y fi) ac yna'r eilyddion yn neilltuo i gornel bell o'r maes, a'r pymtheg yn mynd ati o ddifri i whare gêm ddychmygol. Jean Prat yn sgrymio yn eu herbyn ac yn amddiffyn yn y lein, yn galw'n dawel am y dacteg hon a'r dacteg arall, a rhyfeddod i mi a phawb a wyliai 'rwy'n siŵr, oedd gweld gwau patrymau'r gêm fodern ac yn arbennig canfod deheurwydd caboledig y wharewyr wrth gyflawni'r symudiadau. Pawb yn gwybod ei waith i'r dim, ffitrwydd a medrau eisoes wedi cael sylw, buddugoliaethau cadarn wedi eu hennill yn Ne Affrig a Rwmania, a dyma ninnau 'nawr yn llygad-dyst o rihyrsal effeithiol a'r ola cyn cwrdd â'r gelyn Prydeinig cynta.

Beth am yr Alban, meddech chi?

Ceidwadol, traddodiadol a diddychymyg; digynllun a dibaratoad hefyd, neu o leiaf dyna'r argraff a ges i. Yn gwmws fel gŵr gwadd pwysig, profiadol sy'n codi i siarad o'r frest ar ôl y Ginio, yn orhyderus, a'r hwyl a'r huodledd yn dod yn ysbeidiol, os o gwbl.

Roedd Carwyn yn feirniadol iawn o bortreadau, a phan ddaeth cais am bortread o Clive Rowlands, aeth ati i baratoi'n fanwl. Lluniwyd y llith gyfan yn nhafodiaith Cwmtwrch gan ddefnyddio'r gŵr dan sylw i adrodd peth o'i hanes.

Clive o Gwm-twrch

'Na, ti'n gwpod, ma pawb yn dy ben di. Boi o Gwm-twrch wyt ti, tyl.' Gwên fawr. 'Fe glywes i stori dda, byn, am foi yn y Stand yng Nghaerdydd llynedd yn coethan tipyn. Odd pethe ddim yn mynd rhy dda iddo fe, ac i gapo'r cwbwl fe wetws o'r diwedd i fod e'n byw drws nesa i Clive Rowlands. Odd wncwl i fi yn dicwdd bod yn ishte ar i bwys e, a phan wetws hwnnw pwy odd e, mynte'r boi 'ma, "Ond jawl eriôd, ma'r Ystrad drws nesa i Gwm-twrch, w"!'

Efallai y daw tro Ystradgynlais ryw ddiwrnod. Does dim

dwywaith, y pentre piau nhw, y capiau a'r capteiniaid. Ac yn yr ardal hon mae yna bentrefi, gadwyn ohonyn nhw, yn frags i gyd am eu capteiniaid: Claude o Gwm-gors, Clem o Frynaman, Rhys Haydn o Gwmllynfell, a'r drws nesa lawr, Clive o Gwm-twrch. 'Cwm-twrch Ucha, cofia, socer ma nhw'n whare yn Cwm-twrch Isha; glywest ti sôn am Aubrey Powell? Fe gas e gap Socer. Wrth gwrs, Alun Lloyd yw'r dyn lan man hyn, 'na ti fewnwr, un o'r bois gore weles i acha ca eriôd. Fe a Roy Sutton o Onllwyn.'

Y peth gore wnaeth Clive, medde fe, oedd dod nôl i fyw i Gwm-twrch, 'don nhw ddim yn napod ti yn Cwmbrân, byn,' nôl at i fam a dim ond ergyd carreg o Abercrâf, cartre Margaret ei wraig a'i phum brawd, wharwyr rygbi deche bob un ohonyn nhw. O fewn awr, drannoeth gwobrwyo Clive yn sbortsmon y flwyddyn ar raglen Onllwyn, fe alwodd rhyw ugain o gymdogion yn y tŷ i'w longyfarch. Wrth eu gweld nhw, a chofio geiriau'r bardd lleol ('Do, penderfynodd Clive, stim dowt, i ddod yn ôl sha thre, A llwyddiant yn ei galon fawr, Dan sain hip-hip-hwre') a chofio am anlwc Clive wedi dod nôl, fedrwn i lai na gofyn iddo am nos Iau, Ionawr y chweched. Saib. 'O, ar y bocs, Bleddyn yn mynd trwy'r tîm. "Ti mâs," medde Margaret pan stopiodd e ar ôl enwi David, â rhyw wen od ar i wmed e.' Pwff hir ar ei sigaret; cofio am Lloyd, brawd Bleddyn, yntau fel Clive yn colli ei le yn nhîm Cymru ar ôl bod yn gapten, a'i olynydd, Tony O'Connor, yn mynd ar dôr gyda'r Llewod. "Na fe, felna mae. Ti'n gweld, fe nes i fistêc yn y treial. Whare fel capten tîm Cymru nes i a nid whare i fi'n hunan. Siomedig? Wrth gwrs. Ti bownd o gâl siom, byn. Capten am dair sisyn, pedwar ar ddeg o gape, y Triple Crown, a wetyn câl y drop.'

Dilyn ei lygaid o gwmpas yr ystafell a sylwi ar gwpanau a chrysau, clybiau golff, ffotograffau o bob lliw a llun, a phentwr o lyfrau lloffion. 'Ond 'na fe, down i byth yn teimlo'n saff wrth aros am y tîm. "Diolch am 'na!" oedd hi bob tro. Cofia, ma 'na un peth licswn i neud, whare da Cymru ond am y tro cynta ddim fel capten, a ddim câl y bai am dacteg.'

Mae'n anodd gen i ddychmygu'r sefyllfa honno. Yn ei blyg mewn pregethwrol hwyl y gwela i Clive, ei benelinoedd ar led mewn symetri perffaith â'i ddwy ben-glin, ei ddwrn de fel morthwyl ocsiwnêr yn clatsho'r llaw agored, a'r blaenwyr dof-yn-ei-glyw yn cael ceirch ar gyfer y stampîd nesaf. Ambell feirniad llym ei dafod yn y Stand yn dilorni'r capten am ei gleme a'i siapse, eraill yn ei gefnogi i'r carn ac yn gorfoleddu yn y modd yr ysbrydola'r hwyl Geltaidd. 'Creta di fi, ma pawb yn y nhîm i yn neud yr un peth. Stim ots 'da fi beth ma'r dorf yn moyn, na beth ma'r bois yn moyn, ma'n nhw'n gorffod neud beth wy'n ofyn iddyn nhw neud.' Disgyblaeth. Peth prin ar ein meysydd ni ond bob hyn a hyn fe ymddengys capten a all ddisgyblu ac ysbrydoli, dweud a gwneud. Dyna hyfryd oedd darllen teligram John Gwilliam yn llongyfarch Clive Rowlands, y ddau yn gapteiniaid llwyddiannus ac yn ennill y Goron dros Gymru.

'Ma pawb yn holi am Murrayfield. Wy'n dwlu whare 'no, mae e'n ga lwcus i fi. Ti'n cofio 63. Fe gices i u penne nhw bant. Lot o feirniadu, cofia, ond fe enillson ni. 'Na'r tro cynta i fi gal y ngalw'n gicer. Ti'n gwpod, Rowlands y cicwr, Rowlands yr esgid a'r stwff 'na. Wel, y rheswm odd hyn: on i'n mynd i baso ond slipws David. Yr ail bas 'ma David yn trial drop-goal (sorri boi, cic adlam) a ma fe'n slipo 'to. Cico am bum munud a fe ddath hi off. Catw i gico. Beth ti'n ddishgwl? Smo ni'n mynd lan manna i golli.' Fformiwla lwyddiannus yn esgor ar fuddugoliaeth annisgwyl-dderbyniol ym Murrayfield. Wedyn 1965. 'On i am ddangos nad ffliwcen odd 63. Ofni Stagg. Ddim gwerth cico i'r tytsh; moyn twlu'r bêl miwn yn hunen. Cico o fewn pum llath iddi, dilyn lan yn gloi a Wilson yn gorffod i rhoi hi miwn. Yn pêl ni.'

Mae Clive Rowlands wedi cael ei feirniadu'n hallt am ei gico. Ond nid oherwydd ansawdd ei gico; amlder y ciciau sy'n peri gofid. Mae e'n feistr ar y gic bwt tros y sgrym a'r lein i dir neb, y gic sy'n gwneud bywyd yn ddiflas i gefnwr ('hen fachan nêt yw Wilson') ac yn sbort i'w asgellwr ar yr ochr dywyll, rhywun whimwth fel Dewi Bebb. A dyna'r gic uchel o dan y pyst, mae Clive yn gallu ei phlannu hi i'r fodfedd. Maswr oedd e ar un adeg a pheth digon naturiol, felly, iddo dorri'n sydyn o fôn y sgrym ambell dro, fel y gwnaeth e ym Murrayfield, a rhoi cais i Bradshaw.

'Ma pobol wedi mynd i gretu taw dim ond yn y mwd wy'n gallu whare. Ma'n well 'da fi ga sych. Paid â wherthin, bachan, wir i ti.' Meddwl roeddwn i am Dde Affrig, a Durban yn arbennig, ar dir sych, caled ar ddiwrnod ffein, ac yna am Baris fis Mawrth diwetha. Dwy got i Gymru.

Fe fydd y caeau'n drwm yn Seland Newydd fel yng Nghymru. 'Licsen i fynd ed; sdim lot o obeth, sbo, er cofia ma pethe od yn dicwdd.' Pethe od neu beidio fe fyddwn i'n mynd â Clive Rowlands i Awstralia a Seland Newydd yn bendant. Dyma'r teip o wharïwr fydd eisiau arnyn nhw i wynebu Colin Meads, Tremain, Graham a Waka Nathan.

41

Wedi'r cyfan, all neb wadu, mae'r droed dde 'na'n werth-fawr dros ben ac mae 'na ben go sownd yn rheoli'r droed. Hoffus, llawn hiwmor, poblogaidd, bob amser ym mhob-man (ond pan fydd e'n cico, falle) fe fydd Cymru'n ymfalchïo os gwneir Llewod o Alan Lewis a Chlive Rowlands. A neb yn falchach na Margaret a Megan (pedwar mis ar ddeg) a phobol Cwm-twrch—wedi'r cyfan y nhw piau Clive.

Yn erbyn Awstralia ym 1958 y cafodd Carwyn ei gap cyntaf. Wyth mlynedd yn ddiweddarach, dyma'i adroddiad o frwydr 1966 rhwng y ddwy wlad:

Rhagfyr 4, 1966.

Yn ôl papurau Sul fe gaed gwyrth ddoe yng Nghaerdydd. Yn wir, yn wir, dyma'r tro cyntaf i'r Awstraliaid guro Cymru, a'r tro cyntaf erioed iddyn nhw gael buddugoliaeth ar Barc yr Arfau yn erbyn na Chaerdydd, na Chymru, na'r Barbariaid. Pob clod iddyn nhw. Buddugoliaeth annisgwyl ond cwbl haeddiannol.

Afradlon Gymru. Anodd anghofio nifer o symudiadau pert, ond diffrwyth. Barry John yn cael y bêl yn ei ddwylo am y tro cyntaf yn ei gêm gyntaf dros Gymru ac yn bylchu'n wefreiddiol, ac eilwaith ym munudau ola'r gêm yn torri wrth yr ystlys, a'r bêl eto'n cael ei thrin fel colsyn eirias gan un o'r blaenwyr. Stuart Watkins yn consurio'r bêl o'r awyr ac yn difa'r tir rhyngddo a Lenehan, ond yn methu'n lân ag arafu camau hwnnw ac yn rhoi'r bêl a Lenehan i Dewi Bebb, a Dewi mewn symudiad gwych arall yn lled gyffwrdd y bêl â blaen ei fysedd fel y llithrai tros y llinell gwsg. Siawns ar ôl siawns ar ôl siawns. A chosb yr afradlon, medde rhywun, fydd colli.

Yn ôl tystiolaeth ddoe fe fydd yn rhaid gyrru rhai o'n brodyr i'r wlad bell. Terry Price i ymprydio am dipyn, un glew fel y gwyddom ar ei ddydd, ond ddoe'n ymddangos yn hŷn na'i ddyddiau ac yn ansicr, araf. Yn brin hefyd y cawd Alan Lewis wrth fôn y sgrym, yn colli'r foment werthfawr honno wrth whindo'i hunan cyn pasio.

Rown i'n dechrau amau, fel pawb arall am wn i, a oedd gan y Wolobïaid batrwm o whare. Roedden nhw'n sôn byth a hefyd am bwyslais, ond heb fod yn siwr ble'r oedd y pwys-lais, heddiw am ymosod drwy'r olwyr, yfory y pwyslais ar whare clòs gan y blaenwyr yn null Seland Newydd, medden nhw. Fel petai'n amhosib cyfuno'r ddau ddull.

Yn rhifyn Nadolig 1972, dyma osod ar glawr sut y trechodd Llanelli y Teirw Duon—adlais deg o 1963.

Teithio 'nôl o'r Fenni rown i gyda'r nos yn gwrando ar y radio am adroddiadau o'r gêm rhwng y Crysau Duon a Siroedd y Gorllewin yng Nghaerloyw. Rown i eisoes wedi gwylio ail hanner y gêm ar y teledu a bellach yn awyddus i gael barn yr arbenigwyr. Cael fod y rheini wedi colli eu pennau'n lân ac yn arllwys clod a mawl mewn un llifeiriant o ansoddeiriau canmoliaethus am whare graenus y Duon nes eu boddi bron. Diolch am yr arbenigwyr a gwŷr cadwedig y Wasg. Roedd y gwifrau'n goch drannoeth a'r rhain yn gobeithio'n garedig, heb ddweud hynny, y gallai Llanelli roi rhywfath ar gêm i'r Teirw Duon. Ond ar y radio y cawd y glatsen fwya cignoeth pan gyfeiriodd un ohonyn nhw at bresenoldeb carfan y Scarlets ar y maes y prynhawn hwnnw a'i gasgliad y câi'r bois dair noson ddi-gwsg yn becso am y gêm. Wrth lwc fe glywodd y bois y sylwadau hyn hefyd ar eu ffordd 'nôl yn y bws a mawr y sbort mae'n debyg, a Ray Gravelle yn ddigon o ddoctor i ddweud wrth y llall beth oedd yn debygol o ddigwydd i Parkinson pe dewisid hwnnw i whare gyferbyn ag e ddydd Mawrth. Pan gwrddes i'r bois y noson honno roedd pob un ohonyn nhw'n ffyddiog dawel y gellid concro'r All Blacks.

Roedd y Duon hwythau, yng ngwesty'r Dragon yn Abertawe ar y Sul, yn griw llawen, yn amlwg bles ar eu perfformiad yn erbyn tîm a gyfrifid yn un hynod gryf, ac mor falch iddyn nhw lwyddo yn eu gêm gynta ym Mhrydain Fawr. Cychwyn campus i'r tôr felly a phopeth yn argoeli'n dda. Roedd awr yn eu cwmni yn ddigon i awgrymu y gallai'r frwydr seicolegol rhyngddyn nhw a ni lithro o'u gafael. Digon teg iddyn nhw gasglu na fyddai Llanelli fawr cryfach na Swydd Gaerloyw; ar y llaw arall roedd gan fois y Sosban barch iach i'r Duon ond yn llym eu beirniadaeth ar dacteg Caérloyw ac yn arbennig o lym ar eu hamddiffyn a'u taclo.

Ati felly i ailystyried pob tacteg ac yn arbennig sut i dawelu rheng ôl eu sgrym, Scown, Sutherland a Kirkpatrick. All y rhain, hyd yn oed, ddim gweithredu'n effeithiol heb feddiant, felly, rhaid oedd dyfeisio modd i roi cyn ychydig o'r bêl â phosibl iddyn nhw.

Y Sgrym
Rown i'n erfyn gwell sgrymio ganddyn nhw, yn arbennig ar ôl y grasfa gawson nhw gan y Llewod yn 1971. Ond na,

roedd yn ddigon amlwg nad oedd Bob Duff hyd yn hyn wedi gwneud ei waith cartre, a bod eu techneg o hyd yn ddiffygiol. Dyw'r pac, ar gyfartaledd yn 16.2 (cymharer pac Wilson Whineray yn 1953 yn 15.4½), ddim yn gwthio'i bwysau. Dim gofidiau yma felly, a'n rheng ôl ni i ganol-bwyntio ar eu mewnwr Lin Colling, ei rwystro rhag croesi'r llinell faintais wrth fôn y sgrym, a'i orfodi felly i basio allan i Bob Burgess, a Phil Bennett i edrych ar ôl hwnnw. Dim symudiadau gan eu rheng ôl o'r sgrym osod. Dim un. Dyna'r gorchymyn pendant.

Gyda llaw, dyma'r modd i gadw Sid Going yn dawel hefyd, rhaid ei lorio wrth fôn y sgrym tu ôl i'r llinell fantais. Rwy'n cydnabod mai greddf naturiol Colling yw pasio, a greddf Going yw rhedeg, felly'r unig wahaniaeth yw mwy a chaletach taclo ar Going nes bod yn well ganddo yntau reddfau Colling.

Y lein

Yn rhy aml gadawyd i'r Duon greu sefyllfaoedd peryglus o gefn y lein yng Nghaerloyw. Y cawr Watt, deunaw stôn o gnawd, yn cael ei wthio o'r ffordd yng nghwt y lein fel babi blwydd. Felly gair yng nghlust Derek Quinnell a wharïodd mor gampus fel rhif chwech yn y lein yn y Trydydd Prawf allan yn Seland Newydd. Mae gan y Duon barch mawr i Derek, mwy nag i neb arall o flaenwyr Prydain, a gwae Cymru os gadewir ef allan o'r tîm. Felly, pan daflai'r Duon y bêl i mewn safai Derek Quinnell gyferbyn â Sutherland, gorchymyn i beidio ag ennill y bêl, ond gyda Gareth Jenkins a Tom David i ffurfio rheng flaen sgrym a gwthio'n galed ar y Duon gyda chymorth gweddill y blaenwyr ar wahân i Barry Llywelyn a oedd i sefyll allan er mwyn gwarchod yr ochr agored, a Ray Hopkins yr ochr dywyll. Yr un math o am-ddiffyn felly ag yn y sgrym neu'r ryc. Down i'n pryderu dim am ganol y lein lle mae Delme Thomas bob amser yn teyrnasu.

Yr ail ystyriaeth oedd cadw Alistair Scown yn dawel ar ein pêl ni. Roedd e, yn null blaenasgellwr Prydain, wedi rhoi ychydig gormod o sylw i Gabbitas, maswr Siroedd y Gor-llewin, a down i ddim am weld hyn yn digwydd i Phil Ben-nett. Felly, am yr ychydig leiniau cynta o'r gêm, pan daflai Roy Thomas, y bachwr, i mewn, tynnu Barry Llywelyn allan a'i osod rhwng yr haneri. Os enillid y bêl, Gareth Jen-kins yn y cefn i redeg ar lun arch tu mewn i Scown (brwydr seicolegol yn unig), ond Ray Hopkins i roi'r bêl i Barry

Llywelyn ar yr ochr dywyll a cheisio bylchu eu rhengoedd yno neu greu ryc greadigol. Roedd hyn yn sicrhau dim camsyniad rhwng yr haneri a'r posibilrwydd o weld rheng ôl y Duon yn creu o'r camsyniadau.

Wrth ddefnyddio'r tactegau hyn fe gawd bonws. Ar ein pêl ni dim ond chwe blaenwr oedd yn y lein, ac fe gâi rheng ôl y Duon anhawster i ddarganfod lle yn y lein. Am iddyn nhw droseddu parthed hyd y lein fe gawson ni gic gosb ar ôl tair munud, y gic gosb a arweiniodd i gais Roy Bergiers. Fe dalodd felly i drefnu'r lein yn y modd hwn yn arbennig yn chwarter cynta'r gêm. Dyw'r Kiwi ddim yn hoff nac yn medru defnyddio'i ben ym merw'r whare. Gwell ganddo ddefnyddio'i gof na'i feddwl.

Y Ryc

Peth rhyfedd yw dyfynnu eich gwaith eich hun. Ond dyma ddyfyniad allan o *Barn* Rhagfyr 1963:

'Y peth mwya nodweddiadol o whare'r Duon yw'r Ryc; y ryc sy'n creu sefyllfa ar gyfer datblygu ail-ymosodiad. 'Does na'r un amheuaeth nad yw'r sgarmes rydd neu'r ryc yn beth mawr 'da'r bechgyn yma. Weles i ddim ffyrnicach na'r Duon yn rhuthro i mewn i sgarmes rydd yn draed i gyd; 'does 'na ddim pardwn i na ffrind na gelyn, 'does wahaniaeth yn y byd beth yw lliw'r crys, yr unig beth sy'n cyfri yw cael y bêl yn ôl, weithiau bydd y dyn a'r bêl yn dod nôl 'da'i gilydd. Peidiwn ag anghymeradwyo pan welwn berfformans, dyna'r modd y dysgir y gêm yn Seland Newydd.' Y ryc yw cyfraniad creadigol mwya'r Duon i Rygbi a nhw yw'r meistri o hyd ar yr agwedd yma o'r whare. Fe ddylid dweud er hynny fod y cyfnewidiadau yn rheolau'r gêm wedi adweithio yn erbyn y ryc a bellach mewn gêm, ar gyfartaledd, mae yna lawer llai na chynt, ond amharod iawn yw'r Duon i gydnabod hyn. Rhaid dweud, er hynny, fod timoedd Prydain wedi gwella tipyn yn y blynyddoedd diwetha ac yn llwyddo'n aml i gael pêl dda i redeg â hi o greu'r math hwn o lwyfan. Ond gyda pharch i'r Duon, mae'n bwysig fod yr amddiffyn o'r ryc yn gadarn—yn syml, rhaid i'r blaenwr ola aros allan ar yr ochr agored a'r mewnwr i warchod yr ochr gyfyng, gan mai'r ochr honno a ddefnyddir fwya gan fewnwyr Seland Newydd. Dyna rwystro'r ail-ymosodiad o'r ryc felly, ac fe gofia'r rhai a welodd y gêm ar barc y Strade fod Barry Llywelyn wedi mwynhau'r gorchwyl hwn, er nad ef oedd y diwetha i'r ryc bob tro!

Lladd pob symudiad yn y bôn, dyna'r crwsâd. Taclo cadarn. Digon o ysbryd. Wrth falwennu'n araf tua'r Strade ar ei ffordd i'r gêm fe ddigwyddodd ffrind i mi weld cof-golofn Evan Roberts a holai ei hun sut le tybed oedd yng Nghymru ar adeg y Diwygiad. Ar ei ffordd adre tybiai ei fod yn gwybod. Roedd yr awyrgylch yn drydanol, teyrnged i'r tair mil ar hugain o gefnogwyr selog, brwd na welwyd fyth eu tebyg. Gêm y ganrif ym mlwyddyn canmlwyddiant y Clwb.

A Chymru! Gobeithio y dewisir y tîm iawn a chynnwys Derek Quinnell, a'i ddefnyddio gyda Merfyn Davies yng nghefn y lein. Gorfodi'r Duon i feddwl. Taclo grymus ym mhob sefyllfa ond yn arbennig o'r ryciau. Gwrthymosod pan gicia Going neu Burgess i lawr corn gwddw John Williams. Defnyddio'r asgellwyr ar bob achlysur, hynny yw, defnyddio ochrau'r maes gymaint â phosibl er mwyn gwasgaru eu blaenwyr, sef eu cryfder. Po fwyaf agored y whare, gore i gyd fydd siawns Cymru. Fe ddylai Cymru ennill ond rwy'n erfyn gêm glòs.

Mae llunio erthygl bapur newydd yn grefft, a gweithiodd Carwyn yn galed yn ei pherffeithio. Byddai'r syniadau yn corddi'n dawel yn ei feddwl am wythnos neu fwy cyn iddo naddu'r erthygl a'i gosod ar bapur eiliad neu ddwy cyn y 'deadline'.

Cymro Cymraeg, Shirgarwr ym mêr ei esgyrn, chwaraewr rygbi, criced, snwcer a bowls o safon, nyddwr geiriau, llêngarwr, cenedlaetholwr a Christion. John Reason:

Carwyn was a contradiction. He loved sport, and he won two caps for Wales, but like so many distinguished Welsh outside-halves, he hated taking exercise. He hated going to bed at night, and he hated getting up in the morning. He hated water and had no notion whatever of how to swim, and yet he did his National Service in the Royal Navy.

No one made better use of every square inch of ground on a rugby field or had a more unerring eye to detect faults in lines of running, but off the rugby field, his sense of direction was such that if he had been Christopher Columbus, he would have sailed straight off the end of the world. But he would have enjoyed Jacques Loussier's playing of the Bach aria as he went, and he would have enjoyed it even more if he could have exchanged the cigar for a cigarette.

He believed in the freedom of the individual as an article of

46

faith, and yet he learned Russian. He hated flying, and yet he went backwards and forwards across the world more regularly than the swallows. He declined to watch the West Wales team that he coached play the Springboks and yet he came to like South Africa so much that he often said that he would have relished the chance to coach at Stellenbosch University for two years.

Cenedlaetholwr

Cenedlaetholwr wrth reddf ydoedd, a'i gariad at ei filltir sgwâr ac at Gymru gyfan yn garreg sylfaen gref. Derbyniodd y gwahoddiad a'r her i gynrychioli Plaid Cymru yn etholaeth Llanelli. Gwell ganddo anghofio'r profiad o ymladd etholiad, mi gredaf, ac rwy'n siwr nad oedd yn edrych ymlaen yn awchus at agor ffeiriau sborion a choroni breninesau prydferth ledled yr etholaeth chwaith. Er hyn, roedd y bleidlais o 8,387 (16.8% o'r bleidlais) yn Etholiad Cyffredinol 1970 yn un deilwng. 'Union faint tyrfa'r Strade,' cellweiriodd.

Derbyniodd lythyr yn cynnig iddo'r O.B.E. am ei lwyddiant gyda'r Llewod, ond yn unol â'i ddaliadau gwleidyddol, danfonodd lythyr cwrtais at y Prif Weinidog yn gwrthod. Mae'n syndod faint o Gymry oedd yn casáu Carwyn am hyn.

John Hopkins mewn portread yng nghylchgrawn lliw y *Sunday Times* ym 1976:

> Like O. M. Edwards his philosophy is more towards discovering and showing the culture of Wales to the working people—y werin—than to achieving ambitious political ideals.
>
> It is a philosophy far removed from the cynical view of Welsh life shown by Caradoc Evans for example.
>
> The election showed James to be not only too shy to do the ritualistic hand-pressing and baby-kissing but also too independent, a trait he inherited from his mother and one which, by preventing him from working on his own behalf.

*

He admired Chekhov and found it easy to explain his love for West Wales in terms of the Russian author. 'Chekhov's characters always wanted to escape,' he said. 'Their Nirvana was Moscow. Little did they realise until they had been there how much more important their own little patch of earth was. I believe strongly that we each belong to a patch somewhere and that the real Nirvana of life is to contribute to that patch.'

One can also speculate that James had such understanding for Chekhov because he felt, like the Russian, that he had not been fully appreciated in his own country. Chekhov was recognised just before his death by Stanislavsky who put on a brilliant production of *The Seagull* at the Moscow Arts theatre. Unfortunately for Carwyn James, for Wales and the Welsh Rugby Union, there wasn't anyone prepared to play Stanislavsky to his Chekhov.

Pan deithiodd Carwyn i Dde Affrig, ei nod oedd ceisio dod i nabod y wlad a deall ei phobl. Roedd ei gefndir Cymraeg bob amser yn gefn iddo.

Bedair blynedd yn ôl rown i'n cerdded strydoedd cefn Durban ar fore Sul. Durban sy'n frith o ddynion o bob lliw. Fe ddigwyddais daro ar Eglwys Apostolaidd. Un o blant y fam eglwys ym Mhen-y-groes Shir Gâr, mae'n debyg, ac o lithro i mewn i'r sedd gefn fel un o gymeriadau Rowland Hughes fe glywais yr un Haleliwia a'r un Amen. Ond, fel Gwenallt yn angladd 'i dad, fedrwn i ddim dygymod â'r neges. Cyn suro a diawlio'r oedfa fe lithrais allan yr un mor dawel. Gwyn, cyn wynned â'r eira, oedd pob un wyneb yn y gynulleidfa.

Gwasaidd hyd yn hyn fu meddylfryd y croenddu yn Ne Affrig, mor wasaidd â'r mwyafrif o Gymry. Medde Mongane Wally Serope, bedair blynedd yn ôl, 'Fabanod Soweto, nac wylwch, yr un ohonoch.'

Fe allaf inne, yn yr awr sydd ohoni, glywed Serope a'i debyg yn cyfarch yr aelod byrlymus dros Feirionnydd, yr efengylwr o'r Bala, Thomas Charles a Mari Jones, a'r gohebydd gwleidyddol praff sy'n credu fod Soweto'n ymyl Tre'r Penrhyn: 'Nac wylwch o'm plegid i, eithr wylwch o'ch plegid eich hunain.'

Medde Syd Millar, rheolwr y Llewod, yn gyfrinachol drist y bore hwnnw pan laddwyd y ddau grwt yn y Cape, 'Rwy'n wylo drostyn nhw, fel y bu'n rhaid i mi wneud droeon gartre ym Melfast, unwaith pan laddwyd ffrindie 'mhlant ar eu ffordd i'r ysgol.'

48

Ddiwrnod cyn hynny, rown i'n sgwrsio gyda gyrrwr tacsi: 'Mae'r crwt hyna'n iawn yn y Brifysgol ac wedi callio, ond rwy'n pryderu tipyn am y mab pymtheg oed sy'n yr ysgol.' Medde fe, 'Chi'n gweld, mae'r athrawon yn 'u cefnogi nhw, yn wir, yn 'u hysbrydoli nhw i ymladd yr awdurdode.'

Yn wir, i ymladd yr awdurdode am well addysg. Dyna'r frwydr fawr y dyddie hyn yn y Cape. Prin yw'r arian a werir ar addysg y *Coloureds* a'r *Blacks* o'u cymharu ag addysg y gwynion. Addysg, wrth gwrs, yw'r allwedd i'r cyfan oll. Cadw'r Kaffir yn 'i le oedd craidd polisi *apartheid* Verwoerd, mân ddeddfu ffôl yn erbyn y croenddu er mwyn sicrhau 'u bod nhw'n teimlo'n gwbl israddol. A'u cornelu nhw mewn ghetto ar ôl ghetto tu allan i'r dinasoedd mawr.

John Reason:

Carwyn was one of the most gifted boys ever to attend Gwendraeth Grammar School. Every page he opened in life seemed to have something on it which he could relish and illuminate and he reached for them eagerly; the love of language, of learning, of singing, of drama, of history, of cricket, of rugby football, of people, of life itself.

Sadly, the further he read through that book, the less the rest of the day lived up to the bright, glad, confident morning of promise it offered him as a schoolboy. He remained a rather lonely, very private person, behind an exterior which had so many brilliant facets.

In the end, he was cut down, just as those young boys in white were cut down in the cornfield by the machine guns in 'Dr Zhivago' and we are left to grieve about what might have been, with the same ineffable feeling of sadness.

Onllwyn Brace:

His was a name synonymous with all that was best in Welsh rugby and his skill and ability, as a coach apart, were often in demand across the rugby playing world. The sadness that we all feel at his passing is shared by Italians, Spaniards, Rumanians, Argentinians, Japanese, New Zealanders, South Africans and Australians alike—the common language was rugby, arguably his first love, for I have a sneaking feeling that he would have preferred to have made his sporting mark either on the green baize like his compatriot Terry Griffiths, or on the cricket wickets of

St. Helens and Sophia Gardens; but rugby would have been the poorer.

Er iddo gyrraedd brig y byd rygbi, roedd yn dal yn aelod ffyddlon o'r 'werin'. Handel Greville yng Nghyfarfod Coffa Cefneithin:

> Un o'r bois oedd e. Pan fyddem yn teithio ar y bws, eistedd yn y cefn gyda'r chwaraewyr fyddai Carwyn, yn chwerthin, dadlau a chanu—wrth ei fodd. Roedd llais bach net ganddo. Dylech ei glywed e a Bert Peel (y ddau wedi marw bellach) yn canu 'Myfanwy' neu 'Hywel a Blodwen'. Llawer o sbri a chwmni hyfryd.
>
> Pan fyddem oddi cartref ac yn aros mewn gwesty, yn y bore deuai Carwyn i lawr i'r stafell fwyta—ffag yn ei geg ac yn wên o glust i glust. Cofiaf Peter Rees, fy nghyd Is-lywydd yn ei groesawu:
>
> 'Carwyn bach, nawr own i'n dweud wrth y bois: "Brecwast Carwyn James yw ffag, cwpaned o goffi du a phwl o beswch!"'

'Snooker is a well mannered game. Immaculate dress, impeccable manners, self-effacing referees and a quiet, attentive audience. Like cricket of old.' Disgrifiad Paul Rees yn y *Western Mail*. A dyna union atyniad y gêm i Carwyn. Byth oddi ar ei wyliau haf yn Rhydlewis a'i fynych bererindod i Y.M. William Thomas, bu'n hoff iawn o'r gêm, ac edmygai ddawn a disgyblaeth y chwaraewyr mawr.

Cymerodd Carwyn ran flaenllaw ym mywyd ein cenedl. Soniwyd eisoes am ei gysylltiad â'r capel a Phlaid Cymru. Bu hefyd yn aelod o Gyngor yr Iaith Gymraeg, Cyngor Coleg Prifysgol Cymru Aberystwyth, Undeb Cenedlaethol Athrawon Cymru ac Urdd Gobaith Cymru. Bu'n llywydd Côr Meibion y Mynydd Mawr ac yn llywydd Clwb Rygbi Llanelli. Roedd hefyd yn edmygu gwaith y Mudiad Ysgolion Meithrin a Chymdeithas yr Iaith Gymraeg. Yn wir, anodd yw meddwl am unrhyw fudiad Cymreig na fu cysylltiad rhyngddo a Carwyn.

Cred rhai o'i gyfeillion y dylai fod wedi aros yn Llanymddyfri neu yn y Drindod lle roedd canllawiau pendant i'w dywys. Nid oedd yn gymwys o ran natur i ymgymryd â'r drefn o weithio ar ei liwt ei hunan. Bywyd llac, ansefydlog ac unig oedd bywyd 'Jâms' yn y brifddinas: bywyd di-gyfeiriad mewn amgylchedd go anwadal.

Ers iddo droi at fyd y cyfryngau camdriniodd ei gorff yn arw. Anaml y bwytâi bryd cytbwys o fwyd. Ni chyffyrddai â llysiau ffres. Yn ystod y blynyddoedd diwethaf, torrodd ei iechyd, ac ôl ei fywyd prysur yn dechrau dangos.

Dioddefodd yn enbyd o glefyd dychrynllyd y croen—clefyd nad oedd gwella arno, ac nid oedd wedi cael noson lawn o gwsg ers blynyddoedd.

Roedd Cymru'n rhy fach ac yn rhy blwyfol i Carwyn. I ba le bynnag yr âi roedd pobl yn ei adnabod ac am ei gyfarch. Nid oedd ymwared. Dihangodd i'r Eidal mewn ymgais i ffoi rhag yr enwogrwydd, ond cyn pen dim roedd yr un mor enwog yno. Ar wahân i'w chwaer, Gwen, a fu'n gefn cadarn iddo, nid oedd ganddo berthnasau agos y gallai rannu ei fywyd bob dydd gyda nhw. Prin y byddai unrhyw wraig wedi gallu dygymod â'i fywyd gorlawn. Gŵr unig yn gaeth i'w fordd o fyw.

Ym mis Medi 1983 bwriadai ddychwelyd i Goleg y Drindod fel darlithydd am dymor, ac roedd cyfres o ddarlithoedd ganddo ar y gweill. Ni chefnodd ar lenyddiaeth: am dymor bu'n cynnal dosbarth nos ger Pen-y-bont ar Ogwr.

Ychydig fisoedd cyn ei farw, bu'n cynhyrchu dwy gyfres (un yn Saesneg a'r llall yn Gymraeg) i gwmni Opix yn Llundain—cyfresi a fu'n sail i'w gyfrol Saesneg a gyhoeddwyd eleni. Ond ar y cyfan roedd wedi cael llond bol ar y *manion bethau* sy'n gysylltiedig â darlledu am rygbi, ac roedd ei fryd ar droi fwyfwy at ysgrifennu.

Erbyn y diwedd, roedd wedi blino, ac wedi blino ar flino—yn feddyliol ac yn gorfforol. Gan fod ganddo wythnos heb ymrwymiadau, penderfynodd yn sydyn fynd ar wyliau i gilio rhag y pwysau. Ynysoedd y Caneri oedd ei ddewis, ond Amsterdam oedd unig gynnig y Swyddfa Deithio ar rybudd mor fyr. Er holi, doedd yr un o'i ffrindiau 'yn rhydd', ac felly, ar ei ben ei hun unwaith eto y gadawodd faes awyr Caerdydd. Mewn gwesty yn Amsterdam, bu farw—ymhell o'i bentre, ymhell o'i wlad.

Bellach, aeth Carwyn i dŷ ei hen gartref. Pa well cofeb na cheisio gwireddu ei ddymuniad am rygbi:

51

For the 80s my fervent hope is to see a little more grace, charm and humour in our game.

Brysied y dydd.

ATGOFION PLENTYNDOD

Carwyn James

(Lluniwyd y nodiadau bywgraffiadol a ddilyn flynyddoedd maith
yn ôl gyda'r bwriad o'u cyhoeddi mewn cyfrol. Ni welsant olau
dydd hyd yma.)

I'm afraid to watch on my own lest I fall off the gap in the
hedge, my hiding place, on to the playing field, and I don't
like the stinging nettles. I plead with my father to stop
working in the garden, to stop admiring the grunting pig
and to take me to watch the 'beetball'. I hold his large,
warm, collier's hand and I feel safe, and I watch the huge
men throwing the ball around. I enjoy watching them and I
think my father does too, perhaps only because his three
year old son is so quiet. I don't like to hear the people shout-
ing. Their voices, coarse and primitive, frighten me.

*

I go to school early, in the morning. Vivi, Gwyn and Llyn
are already there and we play soccer with a small, soft ball
on the hard playground. The smallest and the youngest, I
play with Cliff because he is bigger and older but we lose. I
loathe playtime. I have to drink milk, which I hate, so I stuff
my mouth with chocolate biscuits before gulping the cold
milk down; I feel sick. I lose most of my break and most of
the game and I'm very angry. I sulk in the lesson; refuse to
listen to Miss Jones, Standard Two, who in her anger raps
me on the knuckles.

*

Every evening after school, we play on our road, Hewl yr
Ysgol, two brothers versus two brothers. Meirion, the eldest
and I, the youngest, against our brothers, Dewi and Euros.
We play touch rugby but, as always, touch becomes tackle.
We quarrel; Meirion fights Euros, and I kick Dewi on the
shins, before bolting to hide in the cwtsh-dan-stâr. In the
afternoon we play again and sometimes I can beat them
with a side-step. I believe I'm Haydn Top y Tyle or Bleddyn.
I love these games, but especially I love playing cricket on

53

the road, for the ball somehow grips better on the road and I can bowl Peter round his legs. I think I'm Doug Wright and occasionally I'm Johnny Clay, but although I bowl better when I'm Doug Wright, I support Glamorgan and a photo of the team hangs in my bedroom.

*

In Standard Five my favourite afternoon is Friday, an afternoon of drama, music and games. I like drama except when the teacher asks me to do something on my own in front of the class. I feel proud that our teacher, Mr Evans (we call him Gwyn Shop behind his back because his parents run the combined Post Office and Shop opposite the school) writes plays and is a drama producer. He also helps Cecil James, a fine local musician, to produce the opera, and once I was invited to take part in Smetana's *The Bartered Bride.* I thus prefer the Welfare Hall to the Cinema, and I often go with my mother to the Hall to see the plays of Dan Mathews, Edna Bonnell, Gwynne D. Evans and Emlyn Williams, and on one memorable occasion, I even went to see Lewis Casson and Sybil Thorndyke.

Mr. Jones, the Schoolmaster, is strict and we have to develop a liking for the Modulator because he likes the Modulator. We touch the notes gently to 'lah' as we race up and down the ladder, and then, at the command of his ruler, we leap dangerously from 'doh' to 'soh' to 'doh' and leap down again. W.J. is enjoying himself, already seeing in us members of the Choral Society singing 'Worthy', or 'Man is born of woman', but the boys are just hanging on, holding on, producing half-hearted, almost inaudible treble notes in case he detects a wrong one. How we pray that we are not made to sing on our own, and long for the afternoon break, for the games lesson is to follow. The Modulator, even, grows on one and I have it in the Band of Hope on Tuesdays as well. I have to practise sol-ffa at home, for Dat, who sings for the village Male Voice, communicates in sol-ffa with the confident air of a man conversing in his mother tongue, and insists that I read the tenor line to harmonise with his bass. I enjoy listening to the Male Voice, and often on a Saturday night I lend my support at an Eisteddfod, feeling so proud when I watch my father, Lloyd Low, W.J. and the demonstrative conductor, Tom Asa Williams, the barber, singing 'Comrades in Arms'. How eagerly I long for them to win, which they usually do.

Gwynne D. Evans is an all-round sportsman, while W. J. Jones played for Llanelli and had one cap for Wales as a hooker. I love the games lessons, particularly when we play rugby, for like W.J. I also want to play for Wales.

*

I attend my first funeral, a large funeral composed of men only, consequently the singing is loud, incredibly loud even for a chapel, and I feel small, glad that my father is with me. I look around the gallery of dark suits, white collars and black ties, and I'm compelled to count the blue and black scars on the faces and on the large hands holding the white pamphlets. I count Dat's as well.

I feel sorry for John, Mair, and David crying in the front row of the mourners, but when the Reverend Llywelyn Jones refers to the passing of a young man, I don't understand, for I look at the pamphlets again and find that he was quite old. He was 36. We leave the chapel and stand outside and while my father lights his Woodbine I listen to the two miners I had never seen before.

'Pity, full of silicosis, poor chap, and so young.'

'Let's hope his wife gets Compo.'

'Ai, more than his mother did. Old Ianto was full of it too, but they said he died of a heart condition. A bloody heart condition, I ask you. And there are hundreds like him.'

'It's about time THEY did something about it.'

As we walk home quietly, I wonder who 'They' are, and since Dat won't tell me I don't understand, and so I start counting them by the hundreds. By the time I have reached fifty we are home, tea is ready, and I forget the hundreds. And I soon forget John and Mair and David's father . . . and mother. I'm no better than 'They'. Perhaps Dat won't get silicosis.

*

55

I hate the sickly smell composed of new leather and the fumes of the Western Welsh bus, so welcome the break at Carmarthen and Pont Henllan to change buses. The rounded hills, the wooded slopes and the placid, leisurely animals in the field are a joy, and to arrive in Rhydlewis, a little village in south Cardiganshire where my mother was born, is like entering the promised land. I always look forward to it so much, keeping awake at night as I used to on Christmas Eve and on the eve of the Sunday School trip, but those nocturnal journeys on which I travelled so hopefully were as nothing compared with the real experience.

Here I am in Moelon, a dairy farm, where everyone speaks nervously and quickly in my mother's Welsh and in Moelona's Welsh, so I feel at home as if it were Nantoer, a family novel which my mother was so proud to read to us during the long winter nights, before we had a radio, because she knew the author.

I rush out to meet the cows and the calves, pretend to look at the bull, because I'm afraid of him, ride on my uncle Tom's tractor, and savour the prospect of a month's holiday in the heart of south Cardiganshire away from the coal dust and the black pyramids of waste. I firmly decide not to be homesick.

Before going to William Thomas' Y.M. to play ping-pong and snooker and renew friendships made over the years with Terwyn Maesyfelin, Dai Dolanog, Albie and others, I call on Dan Teiliwr and Ianto Bach, still busily making suits, who tell me yet again about my grandfather—whom I had never seen—a carpenter, a real craftsman and master builder, so they claim. Later they go into ecstasies over another forebear who apparently was a poet, or, I suspect, a versifier.

I know I belong, that my roots are here, and I feel guilty that I am the only one of the family not born a Cardi, not born in Rhydlewis. Tonight, I am not just a small boy, but the Romantic who has found his Ynys Afallon far away from the realities of life, the school, the black pyramids, the dread of the ambulance and the disturbing siren.

Today it is our neighbours, Rhys and Menna's turn to kill the pig, so their uncle J.P. is there, fretful and fussy, to cast a critical eye on the operation. Soon we shall have the bladder to play rugby, and faggots for supper. I hate the killing. Hiding behind my brother, I'm drawn by fear to peep round his legs, fearful, even while eager to see. How I despise Wil y Mochwr for his sharp knife, his butcher's apron, his boiling water, his scraper which I shall hear and feel for a long time to come, perhaps for ever. I despise him even more for his not being afraid. The fat creature, over-fed by a few score pounds maintains a piercing, high-pitched screech as he fights for life. His hind legs hang from the ceiling in a vanquished V formation, his warm, red blood drips on the cold, stone floor. It is all over, he is dead as the last one. Suddenly, in defiance of death, he twitches and I run away.

*

I'm nine. A Saturday afternoon in late March and Cefneithin are at home to Trimsaran. My job is to recover the ball from the gardens. The gardens are neat and tidy, and I've had strict orders from Dat and the neighbours to tread gently and to avoid the onion beds during the match. The touchline which I guard is only a yard from the hedge protecting the gardens, so usually I'm kept busy. This afternoon is no exception as Trimsaran play to their forwards, and their halves kick a lot. Geraint, our fly-half, is playing well, whilst on two occasions, running like a corkscrew, Haydn 'top-y-tyle' almost scores. He eventually does and in my excitement I fall and I'm stung by the nettles. I swear under my breath as I get back on my perch just in time to see Iestyn converting from the touchline. The Trimsaran full back drops a lucky goal but we win by five points to four. I dash on to the field to collect the balls and to pat the players on the back as they make their way to the school to bath in the small tubs. I accept my threepenny bit from Dai Lewis, the Ironmonger, who is the club secretary and I look forward to spending it later in Eunice's fish-and-chip shop, which is opposite the Public Hall.

*

Cricket on the road and I'm batting. The ball runs down the hill from an immaculate Emrys Davies drive over the

57

bowler's head. An ambulance, the one vehicle feared by a miner's son, turns the corner and is coming towards us. We step on to the pavement. I can feel the uneasy silence. The dreaded ambulance comes slowly up the slope, over the pitch and the three stones, our wickets, and, at least, passes my home. From relief I hit the next ball wildly on the leg side into Ffynnon-cawr's hayfield; and I'm out.

*

Dafydd Morris next door, with whom I go to the prayer meetings in Tabernacl, kneels and his mind gropes for his favourite Godly idioms, slowly, falteringly, seeking delay from the occasional lengthy neighing cough. I feel nervous and want to help him as phrase leads to phrase for I have heard them all so many times before. With my left hand over my face, I open two fingers slightly enough to peer at the slow, moving finger on the large face of the clock— made in Birmingham—and note with relief, as Dafydd hits second gear, that ten minutes have gone.

Another five, and the whole torrent composed of bits of hymns and scripture, but coughless and unpunctured, will pour forth in a mad over-drive crescendo, and as he ends I shall wipe the sweat from my brow. I like Dafydd Morris, and I practise his Wednesday prayer on my own in private. Tonight, in the Chapel vestry, the going is hard; the sun is still hot outside, and above the buzzing of claustrophobic bees I can hear the thud of ball on bat, of bat on ball, and the occasional recognisable soprano appeal. As in turn, Thomas Evans kneels, I wonder if I shall have a knock before going home.

*

I'm ten and in Standard Four. The war is on, we have gas masks in carboard boxes, air-raid shelters in the gardens and a talented Dad's Army in the village of which my father, trained as a marksman on rabbits in Cardiganshire, is a devoted member. I read Rockfist Rogan, R.A.F., in the *Adventure.* It is Monday morning. Suddenly, in the middle of sums, at eleven o'clock exactly, the hooters of Cross Hands, Blaenhirwaun and Tumble collieries combine like

58

massed brass bands at the National to sound the alarm, and at the sharp command of Miss Rachel Ann Jones we dive dutifully under our desks, so we miss all the fun.

For a German bomber, flying very low, is driven by a Spitfire towards the sea at Cefn Sidan. The Germans panic and drop their bombs over Gwendraeth Grammar School, just off-target fortunately so no one is hurt. That night, as I listen to my friend Aeron, an eye-witness, bragging about what he had seen, I'm consumed with envy, feeling cheated of a memorable experience, of witnessing with my own eyes the skill of a Rockfist Rogan finding his prey, a real German bomber to the kill. To be a pilot, a fighter pilot, is now my only ambition. Goering is the enemy, God is on our side (the Minister told us so yesterday) and we dutifully hang 'our washing on the Siegfried line' every Monday. I don't sleep well, for I plunge bomber after bomber into the sea at Cefn Sidan. How I long for the war to last until I'm old enough to join the R.A.F.

*

Iestyn James, one of my heroes, is out practising his place-kicking. I can hear the thud of the ball on the hard ground, I join him. He is a tall man with fair, wavy hair, and freckles, and for the occasion, he wears large, brown shoes and has a kick like a mule. Standing behind the goalposts, miles from Iestyn, I try to catch the ball before it bounces and then I use all my strength to kick it back to him. I'm pleased when he says that one day I shall play for Cefen.

Y CARWYN CYNNAR

Gwynne D. Evans

Gan mai dim ond yr ysgol ac un tŷ oedd rhwng fy nghartref i yn Siop y Post a Rose Villa, cartref Carwyn, mae'n debygol fy mod i'n ei nabod oddi ar ei blentyndod, ond y tro cynta i mi gymryd sylw arbennig ohono oedd pan soniodd Mam amdano fel y crwt bach dan oed ysgol yn siopa dros henoed a chleifion Hewl Holven, gyda phob eitem yn saff ar ei gof a phob cownt yn gywir i'r ddime.

Gyda llaw, Holven oedd cartref W. J. Jones—athro, ac yna prifathro Ysgol Cefneithin, a bachwr Llanelli a Chymru. Fe oedd yr arwr a ddechreuodd y symudiad a arweiniodd at gais anfarwol Finch yn erbyn Seland Newydd.

Pâr addfwyn a diymhongar oedd Michael ac Ann James, ac fe etifeddodd Gwen, Eilonwy, Dewi a Carwyn eu natur wylaidd ond cadarn. A hefyd eu hiwmor a'r wên oedd mor barod i ddawnsio yn llygaid eu tad. Roedd (ac mae) Dewi yn dipyn o wag, ond bachgen seriws iawn ei wedd oedd Carwyn. Beth bynnag oedd yn ei wneud, p'un ai chware neu weithio, roedd yn mynd ati o ddifri. Roedd yn cerdded tua'r cwrdd gweddi yn llaw Dafydd Morris Drws Nesa o'i wirfodd, ac fe dyfodd yn hollol naturiol i wasanaethu'r Tabernacl fel blaenor ac ysgrifennydd.

Ambell dro, fe fyddai Carwyn yn fy nghyflwyno i fel y dyn a'i dysgodd i chware rygbi. Jôc fach breifat oedd hynny, wrth gwrs, gan ein bod ni'n dau yn gwybod o'r gore na wnes i ddim o'r fath. Mae'n wir 'mod i'n ceisio dysgu elfennau'r gêm i fechgyn yr ysgol ar ambell nawn Gwener, ac rwy'n cofio canmol Dewi ar ei redeg llithrig, ond y ffaith yw fod ei frawd yn rhy ifanc a bach i wneud marc ymhlith cewri Standard 7 ac Ex 7. Ysgol y Gwendraeth oedd y ffatri maswyr, ond pan aeth Carwyn yno, roedd o leiaf wedi gweld rygbi go iawn, ac rwy'n hawlio peth o'r credyd am hynny.

Ganwyd Carwyn ym 1929, ac yn Hydref y flwyddyn honno, a minnau adre ar fy ngwyliau o Goleg Prifysgol Cymru, Abertawe, lle roeddwn wedi mwynhau'r fraint o chware yng nghwmni mawrion fel Watcyn Thomas, Claud Davey ac Idwal Rees, fe aeth Dai Lewis a fi ati i geisio sefydlu clwb rygbi yn y pentre. A chyn i mi ddychwelyd i'r coleg, roedd y freuddwyd wedi ei gwireddu, a Chlwb Rygbi Cefneithin wedi ei sefydlu gyda'i bwyllgor a swyddogion, rhestr o enwau bechgyn wedi talu'r ffi aelodaeth o dair ceiniog, pêl, a chronfa ariannol o swllt a chwech.

Nawr, roedd y cae braidd yn gul, ac felly, roedd y bêl yn hedfan dros ben y clawdd i erddi tai Hewl Holven yn aml, ac roedd rhaid cael bechgyn yno i'w chicio 'nôl. Ac ymhen amser roedd Carwyn yn un ohonyn nhw. Flynyddoedd wedyn fe adeiladwyd tai ar yr asgell chwith i'r cae, a chlywais fod tri mab Will a Vimy John, Alan a Clive (dau a enillodd nifer o gapiau i dîm B Cymru a—beth oedd enw'r llall? O ie, Barry) yn cyflawni'r un gorchwyl o'r gerddi hynny.

Capten cynta'r clwb oedd Ivor Mathews—mewnwr a fyddai wedi ennill ei gap oni bai am faint, pwysau a nerth Wick Powell. Ivor oedd y chwaraewr mwyaf trici a welais i yn fy myw, ac mae'n siwr fod Carwyn, gyda'i lygaid craff a'i 'fennydd chwim wedi dysgu llawer oddi wrtho. Beth bynnag, rwy'n cofio gweld Carwyn yn perfformio rhyw gamp ddewinaidd ar y Strade, a chlywed llais un o fois y Cefen yn bloeddio: 'Ivor bach, myn yffach i!'

Y tro cyntaf y gwelais i Carwyn yn trafod bat criced, fe sylweddolais fod ganddo dalent naturiol at y gêm, a chan ei fod yn awyddus i ddysgu, rown i'n falch i allu rhoi ambell dip iddo. A phan oedd ond naw mlwydd oed, fe fentrais ei ddewis yn y tîm bois mawr i chware yn erbyn Ysgol y Tymbl. Rwy'n cofio'n iawn iddo sgorio whech rhediad deidi —ac fe gadwodd ei le yn y tîm. Ychydig amser yn ôl, fe'i clywais yn dweud y byddai wedi hoffi gyrfa fel cricedwr proffesiynol. Pe bai wedi dilyn y llwybr hwnnw, byddai rygbi Cymru a'r byd wedi dioddef colled enbyd, ond o leia fe fyddai Morgannwg wedi cael ei Brearly ymhell cyn Lloegr.

Ein man cyfarfod ym myd y pethe oedd, wrth gwrs, y ddrama. Rwy'n cofio iddo gyfansoddi drama ar ramant Llyn y Fan. Gwelais berfformiad ohoni a chredais fod llawer o addewid ynddi. Ond methais yn lân â'i berswadio i ddal ati. Eto, doedd yr awydd i gyfansoddi ddim wedi diflannu'n llwyr, ac ychydig amser yn ôl fe gytunasom i roi'n pennau ynghyd i gyfansoddi drama am rygbi o safbwynt y chwaraewyr yn hytrach na'r cefnogwyr. Wedi peth trafod, daethom o hyd i fraslun o gynllun addawol, ond oherwydd ei brysurdeb ef a'm segurdod i, dyna i gyd. A nawr . . .

Roedd Mam yn arfer dal ar y cyfle i helpu myfyrwyr i ennill tipyn o arian poced trwy gynnig gwaith iddynt dros y gwyliau. Daeth tro Carwyn i sefyll tu ôl i gownter y post ac i sylweddoli fod hwnnw'n fwy na lle i gynnal masnach y P.O. Dyna, dan deyrnasiad Mam, oedd Biwro Cyngor Dinesig answyddogol y pentre. Clywais hi'n dweud fwy nag unwaith ei bod yn synnu gweld bachgen mor ifanc yn ennill ymddiriedaeth pobol mor llwyr a chyflym. Roedd bob amser yn barod i wrando a chynghori, cysuro neu longyfarch yn ôl y galw, ac yn gwneud hynny yn gwrtais a didwyll heb arlliw o 'fusnesan'. Onid ei allu i greu empathi o'r fath oedd cyfrinach ei lwyddiant fel hyfforddwr? Erbyn y daith i Seland Newydd ym 1971 roedd wedi perffeithio'r grefft, ond roedd y ddawn ganddo ishws.

Ffolineb fyddai i mi honni 'mod i wedi rhag-weld ei lwyddiannau anghyffredin mewn cynifer o feysydd, ond medraf ddweud yn hollol onest na'm synnwyd gan yr un o'i gampweithiau. Medd y bardd: 'Y plentyn yw tad y dyn' ac roedd Carwyn yn berson anghyffredin o'r cychwyn teg.

DISGYBL A CHYFAILL

Gwynfil Rees

Rwyf yn falch o'r cyfle i ysgrifennu gair am Carwyn fel dis-
gybl yn Ysgol Ramadeg y Gwendraeth, ac yn bennaf
amdano ym myd chwaraeon ac adloniant, gan mai yn y
meysydd hynny y daethom agosaf at ein gilydd.

Cofiaf yn dda amdano ar y cae rygbi. Nid oedd fawr o
waith hyfforddi ar y bechgyn hyn—bechgyn Cefneithin,
Cross Hands, y Tymbl, a Phontyberem. Roedd rygbi yn eu
gwaed a phob un ohonynt yn medru rhedeg, cicio a
phasio'r bêl cyn dod i'r ysgol. Roeddwn wrth fy modd
gyda'r talentau yma, ac yn falch iawn o fedru eu cyfrif yn
gyfeillion hyd y dydd heddiw.

Yr oedd rhywbeth yn arbennig iawn am Carwyn ar y cae
rygbi. Yr oedd yn byrlymu o hwyl a brwdfrydedd, yn fywiog
a chwimwth, ac wrth ei fodd yn ceisio twyllo'r gwrthwyn-
ebwyr. Yr oedd yn feistr ar y gic adlam (fe giciodd un dros
Gymru ar Barc yr Arfau), a phregethwn wrtho weithiau ei
fod yn ei defnyddio'n rhy aml. Efallai, yn y gêm nesaf ar
fore Sadwrn, mai cic adlam Carwyn fyddai'n ennill y gêm i
ni, a cherddai o'r cae tuag ataf, a gwên ddireidus ar ei
wyneb.

Tric bach arall a ddefnyddiai weithiau oedd rhedeg y tu ôl
i un o'r tîm arall, a gariai'r bêl ar y pryd, ac yn lle'i daclo yn y
ffordd arferol, plygai i lawr a rhoi cnoc fach ysgafn i sod-
lau'r llall â'i law, nes bod y truan hwnnw ar ei hyd ar y
llawr. Bu'n rhaid awgrymu'n garedig wrtho bod gwell dull-
iau o daclo ar gael, a derbyniodd y cerydd â'r wên addfwyn
arferol.

Bu'n gapten gwych pan ddewiswyd ef yn gapten ar dîm
yr ysgol. Cydweithiem yn hapus gyda'n gilydd wrth gyn-
llunio rhyw dacteg arbennig erbyn y Sadwrn canlynol, a
gwyddwn fod ei gyd-chwaraewyr yn meddwl y byd ohono.
Cofiaf yn dda am y tymor hwnnw—1946-47, a minnau'n
hollol ffyddiog y buasai'n chwarae dros Ysgolion Uwch-
radd Cymru. Un bai bach oedd ar chwarae Carwyn yn y cyf-
nod hwnnw—nid oedd yn or-hoff o daclo. Felly, roedd yn
rhaid mynd ati i ymarfer. Gyda help cyfaill ar y Staff, Mr
Gwilym Evans (a fu wedi hynny yn Ddirprwy Gyfar-

wyddwr Addysg Sir Gaernarfon hyd ei farw, rai blyn-
yddoedd yn ôl bellach), aethpwyd â Charwyn allan i'r cae
ar aml brynhawn. Gyda ni yr oedd cyfaill i Carwyn, ac is-
gapten tîm yr ysgol sef Dilwyn Roberts. (Bu Dilwyn yn brif-
athro Ysgol Gynradd Cwm-ann ger Llanbed, a nawr mae'n
brifathro 'nôl yn ei hen gynefin yng nghyffiniau Cwm Gwen-
draeth.)

Roedd Dilwyn yn fachwr cryf a chadarn, a phan gâi'r bêl
yn ei law, hyrddiai ei hun yn hollol eofn at ei wrthwyn-
ebwyr, a dyna'r dasg a roddais i Carwyn, sef taclo Dilwyn
dro ar ôl tro. Cerddai Carwyn yn reit ddolurus yn ôl i'r ysgol
ambell brynhawn, ond yr oedd ei daclo yn dod yn sicrach a
chadarnach o hyd.

Fe ddywed yn y llyfr a gyhoeddwyd i ddathlu pen-blwydd
Ysgol y Gwendraeth:

> I shall never forget the painful afternoons when I had to
> tackle my friend Dilwyn Roberts, a tough hooker, whose
> brief was to run hard and straight at me, and mine was to
> knock him flying. As far as I could make out, Gwynfil Rees
> was the only one who enjoyed the sadistic proceedings. I
> certainly didn't, but, in turn, I must confess that I enjoyed
> the rewards.

Pan oedd yn gapten tîm yr Ysgolion Uwchradd yn ei ail
flwyddyn, yr oeddwn wedi symud fel athro i Ysgol Aber-
aeron, ac yn nodweddiadol o Carwyn, derbyniais lythyr
oddi wrtho o Swydd Efrog, lle'r oedd ef a'r tîm wedi bod yn
chwarae. Gyda'r llythyr yr oedd darn o bapur wedi ei dorri
allan o un o bapurau dyddiol Swydd Efrog, a brawddeg ar y
papur wedi'i thanlinellu, i'r perwyl yma: 'a certain try
against Wales was saved by the brilliant covering tackle
made by the Welsh captain'!

Yr oedd Carwyn yn chwaraewr gêmau gwych. Yr oedd
ganddo'r ddawn gynhenid i wybod pryd a sut i wneud
pethau. Yr oedd yn gricedwr da, a phleser oedd ei weld yn
taflu'r bêl i mewn o bellafoedd y cae.

Cofiaf fynd â thîm o athletwyr o Ysgol y Gwendraeth ar
fore Sadwrn i barc tref Caerfyrddin. (Gyda llaw, ymysg y
bechgyn ieuengaf, yr oedd cerddwr gwych, sef John M.
Thomas!) Yr oedd Carwyn yn y tîm, ac ar y ffordd cofiais
nad oeddwn wedi dewis neb i daflu'r bêl griced. Gofynnais i

Carwyn a wnâi ef ei thaflu, a chyda'i barodrwydd arferol cydsyniodd i roi cynnig arni. Taflodd y bêl dros bedwar ugain llath (i fod yn fanwl gywir, pedwar ugain a thair o lathenni, dwy droedfedd a naw modfedd!) gan osod record newydd yn y sir.

Carwn sôn am un agwedd arall o ddawn Carwyn cyn tewi. Roedd partïon da dros ben yn yr ysgol adeg Nadolig. Yn ogystal â'r dawnsio a'r chwaraeon arferol fe geid eitemau diddorol. Un tro, cofiaf helpu dwy ferch a dau fachgen i berfformio a chanu dramodig fechan, ddoniol o waith Idwal Jones, Llanbed, sef 'Iaith y Cymro'. Yr oedd y merched i ganu a siarad yn iaith Sir Fôn, a'r bechgyn yn iaith y Rhondda, a'i chael yn anodd deall ei gilydd. Carwyn oedd un o'r bechgyn, ac nid anghofiaf ei ganu melys tenoraidd, a'r hwyl a gâi wrth actio ar y llwyfan.

Gallwn ysgrifennu llawer rhagor am y bachgen ysgol llawen, caredig, diymhongar, a direidus—y llanc a ddaeth yn fyd-enwog drwy ei hyfforddi ysbrydoledig yn Seland Newydd, ac a ailbrofodd ei allu, os oedd yn rhaid gwneud hynny, trwy lywio tîm Llanelli i fuddugoliaeth yn erbyn y Crysau Duon.

Dyma'r gŵr a brofodd ei gyfeillgarwch a'i ddiffuant-rwydd, pan oedd ar y pinacl fry, trwy ddod i sôn am ei daith wrth aelodau'r Gymdeithas Gymraeg fechan a oedd gennyf yn Ysgol Aberaeron, ac yntau nawr yn cael ei wahodd ar hyd a lled Prydain i siarad mewn neuaddau mawrion a'r rheini'n orlawn. Na, ni chollodd Carwyn ei ben. Yr oedd y pethau bychain yn bwysig iddo. Heddwch i lwch gŵr gwirioneddol fawr.

TYWYSOG Y CWM

John M. Thomas

Yn y pedwardegau, yr oedd yn arferiad ymhlith capeli anni-
bynnol Llan-non a'r cylch i ddod ynghyd, tua'r gwanwyn,
mewn Cymanfa Ganu. Am fisoedd cyn y cyfarfod mawr, ar
Lun y Pasg, byddem i gyd yn mynd i fwy nag un rihyrsal,
ñaill ai yn y Tymbl (Bethania neu Bethesda) neu yng
Nghefneithin (Y Tabernacl), neu yn Llan-non (Llwynteg
a Libanus). Yn ystod y rihyrsals, rhoddid cyfle i ambell
blentyn disglair i ganu unawd, a'r plentyn a esgynnodd i'r
pulpud fis Mawrth 1943, ym Methania, Tymbl Uchaf, lle'r
oeddwn yn byw bryd hynny, oedd crwtyn cwrtais, boch-
goch o Gefneithin—'boi o'r Cefen' yn ôl ein tafodiaith—
Carwyn James. Dyma'r tro cyntaf erioed i mi ei weld. Y
bore hwnnw, a hefyd fis yn ddiweddarach yng Nghym-
anfa'r Pasg canodd Carwyn 'Children's Home' fel angel!

Er i'w boblogrwydd fel unawdydd gynyddu, fel chwar-
aewr rygbi y daeth i'r amlwg maes o law. Yn Ysgol Ram-
adeg y Gwendraeth, bu wrthi yn ystod yr oriau cinio yn
nyddiau oer y gaeaf yn gwefreiddio ei gyd-ddisgyblion.
Rhedai fel sgyfarnog o un pen o'r cae i'r llall, a neb yn gallu
ei gyffwrdd: cais ar ôl cais a chic ar ôl cic. Ar brynhawnau
haf, yn enwedig yn y cyfnod nefolaidd hwnnw ar ôl i'r
arholiadau blynyddol orffen, a thra oedd yr athrawon
wrthi'n marcio ac ysgrifennu eu hadroddiadau tynged-
fennol amdanom, gwelid Carwyn ar y maes criced yn dal
'catch' anhygoel, neu'n cledro'r bêl fel bwled drwy'r
'covers', neu'n gwneud 'late cut' syfrdanol. Yn ei griced, fel
yn ei rygbi ac ym mhob peth mabolgampol a wnaeth, yr
hyn oedd yn nodweddiadol ohono oedd ei osgeiddrwydd, ei
gyfrwystra a'i fwynhad wrth chwarae ac arwain.

Pan ddeuai'r eisteddfod flynyddol—adeg go gyffrous fel
ym mhob ysgol yng Nghymru mae'n debyg, yno yr oedd
Carwyn yn arwain y parti cyd-adrodd buddugol, neu'n
disgyblu'r côr mwya soniarus, neu'n cynorthwyo'r
athrawon fel arweinydd yr holl gyfarfod. Gallaf ei weld a'i
glywed hyd heddiw yn ymuno mewn caneuon fel 'I Blas
Gogerddan', 'Yr Aderyn Pur', neu adroddiad o 'Samson
Agonistes'.

Heb un amheuaeth, ef oedd tywysog y cwm. Yr oedd pawb yn ei edmygu: ei gyd-oeswyr oherwydd y gwyddem nad oedd ei debyg fel chwaraewr rygbi a chriced; yr athrawon oherwydd nad oedd neb mor amryddawn ag ef. A gwyddai'r athrawon hefyd ei fod yn mwynhau ei waith ysgolheigaidd gymaint â chwarae, felly ef oedd y person a fedrai gysylltu'n naturiol rhwng y staff a'r plant.

Roedd Carwyn yn medru troi ei law at bopeth—ffaith a ddaeth yn amlwg i ni i gyd yn gynnar yn ei yrfa. Cofiaf eistedd yn y gynulleidfa yn Neuadd Lesiant Cross Hands rhyw noson aeafol tua 1946 yn mwynhau gwylio un o gewri'r gêm snwcer ym Mhrydain—Sydney Smith. Roedd hwn yn *exhibitionist* digymer (a bow tei ddu ganddo!), ac ar ôl iddo ddangos pob math o driciau'r gêm i ni, fe ddechreuodd chwarae yn erbyn rhai o arwyr penna'r gêm yn y cwm. Yr oedd y rhan fwyaf o'r dynion detholedig yma a gwythiennau glasddu ar eu talcen, ond un o'r detholedig a alwyd i gystadlu yn erbyn Sydney Smith oedd Carwyn.

Wrth edrych yn ôl ar y cyfnod hwnnw a sylweddoli pa mor rhwydd roedd e'n llwyddo ym mhob peth a ymgymerai ag e, teimlaf pe bai wedi ei eni ym Mrooklyn y buasai'n rhagori fel chwaraewr 'baseball', a phe bai wedi treulio'i lencyndod yn y Swistir, diau y buasai'n sgïo'n daclus ac yn 'iodlan' cystal â neb.

Wrth sgwrsio gydag ef o gwmpas y bwrdd biliards, neu ar 'dop deck' bys James rhwng Gors-las a Phontyberem, neu wrth fwyta cinio yn ffreutur yr ysgol, gwelsom fod ganddo gariad dwys tuag at farddoniaeth a llenyddiaeth Gymraeg. Peth hollol naturiol oedd clywed Carwyn yn sôn un funud am Les Williams o Drimsaran (asgellwr Llanelli) yn cael ei ddewis i gynrychioli Cymru yn erbyn Lloegr, a'r funud nesa yn esbonio godidowgrwydd a dawn ddigymar Williams Pantycelyn fel emynydd neu farddoniaeth hudolus R. Williams Parry.

Nid yn unig yr oedd sbri i'w gael yn ei gwmni—roedd yn storïwr penigamp—roedd hefyd yn werth gwrando ar ei farn am amryw o destunau a oedd o ddiddordeb i blant ysgol. Cawsom ddisgrifiadau bywiog a llachar am ei hanes yn teithio cymoedd glo De Cymru gyda thîm rygbi'r Cefen, neu glwb criced y Tymbl. Cofiaf yn hynod gymaint oedd ein

chwilfrydedd ar ôl iddo ef a Dilwyn Roberts (y ddau ddis-
gybl o'r Gwendraeth a ddewiswyd i gynrychioli tîm ysgol-
ion Cymru yn erbyn Ffrainc) ddychwelyd o Baris. Darlun-
iodd Carwyn sut y dychrynwyd ef a'i gyd-chwaraewyr ar y
daith dymhestlog dros y môr. Cofiaf hefyd fel yr oedd ei
lygaid yn pefrio wrth ddisgrifio gogoniant pensaernïaeth ac
awyrgylch dinas Paris.

Dyna, yn syml, fy atgofion i am Carwyn o'r amser i mi ei
adnabod gynta hyd at y cyfnod y gadawodd y fro a mynd i
Goleg y Brifysgol, Aberystwyth, lle cafodd ei wefreiddio
gan Gwenallt, 'Parry bach' ac eraill, a lle y disgleiriodd nid
yn unig fel chwaraewr ond hefyd fel ysgolhaig. Y peth
pwysicaf a ddysgais i, a llawer eraill, oddi wrtho oedd y
ffaith ei bod hi'r un mor bosib ennyn diddordeb mewn, ac
ymgeleddu ysgolheictod, ag yr oedd i fwynhau chwaraeon
a mabolgampau.

Yn y pum a'r chwedegau, gwelais ef yn weddol gyson o
flwyddyn i flwyddyn, weithiau yn y Genedlaethol, neu yn
yr eisteddfod a drefnid gan glwb criced y Tymbl bob mis
Medi. Gwelais ef hefyd yn achlysurol mewn ambell gêm
griced yn San Helen, neu ar y Strade, neu mewn ambell gyf-
arfod pregethu, neu mewn cyngherddau yng nghyffiniau
Cwm Gwendraeth, neu yn ystafell y Cyngor yng Ngholeg
Aberystwyth.

Y tro olaf i mi gael y pleser o'i gwmni oedd yng Nghaer-
grawnt ym 1981. Ef oedd y gŵr gwadd yn nghinio Gŵyl
Ddewi Cymdeithas y Mabinogi. Yr oedd y ddawn ddifyrru
gyfareddol yn dal ganddo. Ni chwerthinais yn iachach
erioed nag wrth i mi wrando'i storïau direidus yng Ngholeg
Selwyn y noson honno am helyntion tîmau rygbi Cefn-
eithin a'r cylch, ac am arabedd aelodau tîm y Llewod. Ond
roedd neges ddyfnach ganddo hefyd. Clodforai'r gogoniant
cerddorol sy'n rhan o draddodiad y Brifysgol hon, a chlyw-
som ef yn datgan ei falchder fod côr-feistr un o'i cholegau
wedi dysgu caneuon Cymraeg i'r cantorion. Cyfeiriodd
hefyd at rai o feirdd enwog Lloegr a fu'n fyfyrwyr yng
Nghaergrawnt—Milton yn arbennig. Pwy ond Carwyn a
allai ysgrifennu mewn traethawd ar hanes rygbi yng
Nghymru: '. . . and, for all our recent preoccupation with
physical domination up front, the Welsh contribution to

the game in any era is best expressed by Milton who summed it up: "Who overcomes by force, hath overcome but half his foe"'"? Dyna glymu ei ddau gariad yn dynn.

GER Y LLI

Dafydd J. Bowen

Ni ellid gwell cyweirnod i hyn o air am Carwyn nag un o englynion coffa ei hoff R. Williams Parry:

> Llednais oedd fel llwydnos haf, llariaidd iawn
> Fel lloer ddwys Gorffennaf:
> O'r addfwyn yr addfwynaf,
> Ac o'r gŵyr y gorau gaf.

Ei Athro Cymraeg yn Aberystwyth oedd T. H. Parry-Williams, ac fel minnau daethai i'r Coleg yn llawn cywreinrwydd ynghylch cael eistedd wrth draed awdur yr oedd ei ysgrifau a'i farddoniaeth wedi'n gwefreiddio gymaint yn y Chweched Dosbarth. Tybed sut un mewn gwirionedd oedd y gŵr a ddatguddiasai'r fath bersonoliaeth gyfoethog yn *Synfyfyrion* a *Cerddi*? Cawsai Carwyn athrawes Gymraeg tan gamp yn Miss Dora Williams yn Ysgol Ramadeg y Gwendraeth—yr oedd wedi addo gadael ei set o'r *Llenor* iddo—a chyrhaeddodd y Coleg felly'n meddu ar argyhoeddiad a gweledigaeth ynghylch ei ddewis bwnc, ac yn synhwyrus iawn i fri ei Athro a Gwenallt fel llenorion.

Yn hydref 1948 yr oedd hynny. Rywbryd yn ystod y sesiwn daeth yr Athro Thomas Parry (fel yr ydoedd yr adeg honno) o Fangor i draddodi darlithiau i'r Adran ar waith Dafydd ap Gwilym, ac yma yn yr Ystafell Gymraeg wrth rannu fy nghopi o *Cywyddau Dafydd ap Gwilym a'i Gyfoeswyr* gydag ef yn ystod y darlithiau hynny y deuthum i adnabod Carwyn, a minnau erbyn hynny ar fy mlwyddyn Anrhydedd. Yn ystod y tymhorau dilynol caem seiadau achlysurol yn y Pedrongl neu o gwmpas y dref, ac erbyn haf 1950 pan gafodd Carwyn Ysgoloriaeth Deithio yr oeddem yn ddigon o gyfeillion iddo ofyn imi fynd gydag ef yn gydymaith ar daith drwy Lydaw. Yr haf wedyn graddiodd gydag Anrhydedd arbennig o dda yn nosbarth IIA yn y Gymraeg, ac ar ddiwedd y sesiwn aethom am dro i Iwerddon gan ddychwelyd drwy Gaergybi a mynd yn syth yn ein blaenau i Ysgol Haf y Blaid yn Abergele. Yna dilynodd y Cwrs Hyfforddi Athrawon, ac yn ystod y flwyddyn honno cydletyem yn Roxburgh, wrth enau Plas-crug.

70

Fel y dywedais yn barod cafodd Carwyn ganlyniadau da iawn yn yr Adran Gymraeg, ac ystyriai cyd-ddisgyblion iddo fel yr Athro Brynley F. Roberts (bellach) ei bod yn ddigon tebygol y câi Ddosbarth Cyntaf. Daeth i'm gweld yn llawn gofid yn gynnar y bore cyn y papur ar Lydaweg a Chernyweg Canol, ac efallai mai'r papur hwnnw fu'r maen tramgwydd; nis gwn. Ond cafodd yrfa lachar anghyffredin ym myd rygbi yn gyfredol â'i yrfa academaidd, maes hollol ddieithr i mi. Arferai ddweud wrthyf mai'r rheswm pam yr hoffai fy nghwmni oedd am na wyddwn i ddim oll am rygbi nac unrhyw chwaraeon eraill! Eto ar y ffordd yn ôl o Lydaw fe lwyddodd drwy daer erfyn i'm perswadio i fynd gydag ef i weld gêm o griced rhwng y Boneddigion a'r Chwaraewyr rywle yn Llundain. Erbyn diwedd ei sesiwn cyntaf yn y Coleg yr oedd Carwyn eisoes wedi gwneud ei farc ym myd rygbi, ac ysgrifennwyd fel hyn amdano ar ddiwedd ei ail sesiwn yn rhifyn haf 1950 o'r *Ddraig,* sef cylchgrawn y myfyrwyr:

> A born footballer whom one does not hesitate to put in the line of classic Welsh half-backs. Pivot of the attack and tactician-in-chief. Another of J. B. G. Thomas's stars of the future—has been twinkling at Aber. ever since he arrived.

Felly y bu drwy gydol ei yrfa yma; er enghraifft, yn ystod ei flwyddyn Hyfforddi bu'n chwarae yn erbyn Caerdydd, ac adroddwyd amdano fel hyn yn rhifyn 18 Mawrth 1952 o *Llais y Lli:*

> To crown an outstanding performance, Carwyn James dropped a goal and scored a try, adding the extra points himself, bringing his own tally of points to thirteen.
>
> Carwyn James was undoubtedly the man of the match.

Nid euthum erioed i'w weld yn chwarae, er imi ei wylio ar y teledu yn y blynyddoedd dilynol, a dyna'r cyfan. Ond dysgais gymaint â hyn am dacteg y gêm ganddo: pan fyddai'r bechgyn rygbi geirwon yn mynd dros ben llestri ac yn cael eu gwysio gerbron yr Is-Brifathrawes Lily Newton am gerydd llym, yr hyn a wnaent oedd gyrru Carwyn addfwyn ar eu rhan, a byddai'r Is-Brifathrawes yn toddi'n syth yn y fan a'r lle. Pan oedd yn sâl yn ei wely yn ei lety un tro cyrhaeddodd basgedaid braf o ffrwythau amrywiol oddi wrthi ar ei gyfer. Yr oedd wedi ymserchu ynddo'n lân. A dyna'r unig hanesyn, mae arnaf ofn, sydd gennyf i am ddyddiau rygbi disglair Carwyn yn Aberystwyth.

Ond byddaf yn fy nghynefin wrth sôn amdano gyda'r Blaid. Yn ystod sesiwn cyntaf Carwyn y bu'r gwrthdystiad grymus yn erbyn ymweliad Shinwell ar ran y Swyddfa Ryfel, gwrthdystiad a drefnwyd mor fedrus a hynod effeithiol gan yr Arglwydd Gwilym Prys Davies (erbyn hyn). Yr oedd yn brofiad llawn mor gyffrous i mi'n bersonol â'r orymdaith enwog i Sgwâr Grosvenor yn erbyn Rhyfel Vietnam, neu'r orymdaith drwy ddinas Abertawe wedi Achos yr Arwyddion Ffyrdd: mae'r cwbl yn rhan o'm cynhysgaeth. Fe gafodd Carwyn, yntau, ei awr sawl tro fel Cymro, ond bu diwrnod Shinwell yn brofiad gwir ysgytiol i'r Cenedlaetholwr ifanc o Gefneithin. Dyma fel y canodd Gwyn Erfyl yn y *Ddraig* wedi'r digwyddiad:

Dieithryn ddaeth ar sgiawt ar draws y ffin
I chwyddo rhengoedd llwm ei fyddin grin—
Aeth seithcant eiddgar gyda'u lleisiau cras
I wawdio gwisg y brenin—ac i wfftio'r gwas . . .

Fe gofiwn am rybudd y crancod pan ddaw'r gwarth a'r gwae,
A smaldod cyfaddawdlyd y gweddillion brau.

Y cam bras nesaf ar yr yrfa wleidyddol oedd yr eisteddiad ar draws y ffordd i wersyll milwrol Trawsfynydd yn hydref 1951. Ni bu Carwyn erioed yn un da i'w gael o'i wâl, ond y diwrnod hwnnw boregododd gyda mi am 4 a.m., os nad ychydig yn gynt, ac ar ôl brecwasta ar frys yn ein lllety ym Mhlas-crug aethom draw i gwrdd â Derec (y Parch. F. M. Jones, Abertawe, heddiw) a'r Parch. (bellach) Islwyn Lake wrth gapel Seilo, ac ymlaen â ni i'r gad yn hy. Diwrnod mawr iawn arall; ac i gyn-filwr fel myfi yr oedd cael herio awdurdod y fyddin Seisnig unwaith eto, fel adeg ymweliad Shinwell, yn brofiad o ryfedd rin. Dyma'r tro cyntaf inni weld Mr E. G. Millward, a ddaeth yn gyd-letywr inni yn Roxburgh yn nes ymlaen pan oedd yn ymchwiliwr. Wedi'r eisteddiad cafodd rhai ohonom de yn un o ffermdai'r cylch, lle'r oedd y darten fwyar duon hyfrytaf erioed yn ein haros. Rywdro wedyn adroddai mam Carwyn wrthyf mor daer yr oedd wedi bod yn disgwyl y newyddion ar y radio y noson honno rhag ofn fod rhywbeth wedi digwydd i ni'r giwed, ac felly'r oedd yn fy nghartref innau ar ben mynydd y Dinas.

Carwyn oedd Llywydd Cangen y Coleg o'r Blaid y sesiwn dilynol, a chynhaliwyd y cyfarfod cyntaf o fewn byr dro i'r gwrthdystiad yn Nhrawsfynydd gyda Gwynfor yn annerch. Yr oedd yr ystafell dan ei sang, a llawer yn eistedd ar y llawr. Wedi'r cyfarfod daeth Gwynfor yn ôl am swper i'n llety yn Roxburgh, ac yr oeddem wedi gwahodd rhai cyfeillion i ymuno â ni. Tybiaf mai dyma gyfarfyddiad cyntaf y ddau arwr o Shir Gâr.

Er bod dros ddeng mlynedd ar hugain wedi mynd heibio bellach er dyddiau coleg deil un o faterion yr adeg honno'n bwnc llosg o hyd, sef sefydlu Coleg Cymraeg. Cyfrannodd Carwyn erthygl yn dwyn y teitl 'Y Ddadl Foesol dros Sefydlu Coleg Cymraeg' i rifyn 11 Chwefror 1952 o *Llais y Lli*, gan ddadlau bod 'iaith yn rhan o bersonoliaeth ac anianawd yr unigolyn a'i gymdeithas'. Dyma ddau ddyfyniad o'r hyn a ysgrifennodd:

> Y ddelfryd, felly, yw i brifysgol droi allan feddyliau eang a diwylliedig mewn gwrthgyferbyniad i feddyliau cul a beichus, hynny yw, personoliaethau hafal i athronydd Platon, dyn mawrfrydig Aristotle a bonheddwr Henry Newman. Ac y mae'r tri ar yr un tir pan hawliant mai un o brif swyddi prifysgol yw meithrin dinasyddion da . . .
>
> Ystyriwn y ffaith ein bod yn perthyn i gymdeithas Gymreig ac iddi ei diwylliant arbennig ei hun, ac mai ysbryd, anianawd a phersonoliaeth Gymreig yw ein hetifeddiaeth. Os felly, rhoddwn fri ar ein hiaith, dyrchafwn hi, a mynnwn brofi mai trwyddi hi y cawn y profiad byw o gyffwrdd â diwylliant cyffredinol y byd ar ei orau. Hi yw'r drych gloywaf y medrwn drwyddo, yn ein cymdeithas arbennig ni ein hunain, ddarganfod 'gorau awen' a diwylliant iwnifersalaidd y byd. Mynnaf mai'r ddelfryd hon, a'r gyntaf o swydd ddauddyblyg y Brifysgol, sy'n sylfaen i'r un ehangach.

Dyma syniadau y glynodd wrthynt ac y gwnaeth eu hyrwyddo yn nes ymlaen fel aelod o Gyngor y Coleg.

Adnewyddwyd dyddiau Aberystwyth i Carwyn yn ystod 1959 a 1960, gan iddo dreulio'r gwyliau haf helaeth a gâi yng Ngholeg Llanymddyfri yma yn gweithio ar ei thesis

M.A. ar un o'r Cywyddwyr. Arhosai gyda mi yn fy nghartref ym Mhlasywrugen, ym mhen uchaf Ffordd Brynymôr. Yr oedd trigo ynghyd unwaith eto'n brofiad melys dros ben, a hafau tangnefeddus a gawsom. Ni bu erioed air croes rhyngom, a phan fyddai Carwyn, yn ôl ei arfer, yn hwyr yn cadw at ryw drefniant neu'i gilydd a oedd gennym a min-nau'r un cysáct yn mynd i deimlo'n grac, y foment y cyr-haeddai ni allwn ddweud dim o'i le wrtho.Cofiwn ar yr adegau hynny am yr hyn a ddywedodd ei fam wrthyf un o'r troeon y bûm yn aros yn ei gartref croesawgar yng Nghefn-eithin. Yr oedd Carwyn byth-a-hefyd yn codi i frecwast yn ei ddyddiau ysgol, meddai hi, a hithau'n berwi wrth ei weld mor hwyr, ond y foment y deuai i lawr ni allai hithau ychwaith ddweud gair dig wrtho, gan ei addfwyned. Yn ystod haf 1959 y bu fy nhad farw yn Ysbyty Glangwili, ac yr oedd Carwyn gyda mi'r adeg honno hefyd. Ond llecynnau golau yw'r atgofion eraill am yr hafau hynny, megis pan aethom am daith gyda'r Athro Proinsias Mac Cana a'i wraig Réiltin i gael pryd yn y Fôr-forwyn, ger Bryn-siencyn—darlithydd yma yn yr Adran Gymraeg oedd Proinsias ar y pryd. 'Odidog ddiwrnod ydoedd.' Wrth ddyn-esu at Fangor dyma Carwyn yn dweud yn sydyn wrth Proinsias a Réiltin yr âi â hwy i weld yr Esgob, a gyrru i fyny dreif arbennig. Yr oeddynt hwy'n meddwl mai tynnu coes oedd y cyfan, ac yn cymryd y peth yn ysgafn iawn; yr hyn na wyddent oedd fod Carwyn yn adnabod Dr G. O. Williams yn dda o'i ddyddiau fel Prifathro yn Llanymddyfri, ac nid tan iddynt weld clerigwr mewn ffrynt biws yn ein croesawu wrth y drws y gwawriodd arnynt fod y cwbl yn berffaith eir-wir!

Ond ni ddaeth dim o'r thesis arfaethedig. Hoffai Carwyn gysgu ymlaen yn y boreau, fel cynt, ac ar ôl cyrraedd y Llyfrgell Genedlaethol gwell na'r llawysgrifau oedd gan-ddo ymddiddan yn hamddenol â Dr. B. G. Charles am y maes chwarae, neu wrando ar y byd yn cael ei roi yn ei union le gan ein cyfaill Mac (Mr R. W. McDonald) yn yr Ystafell Gatalog. Fe droes y gwaith yn orffwys, a Demas a'm gadawodd fel cyfarwyddwr.

Gallwn amlhau llawer ar hanesion o'r fath, rhai ohonynt am ein teithiau drwy Lydaw ac Iwerddon. Dioddefodd Carwyn cymaint gan sâl y môr wrth inni groesi am Lydaw fel mai gyda'r peth cyntaf a ddywedodd wrthyf wedi inni gyrraedd St. Malo oedd: 'Gad inni droi'n ôl o fan hyn, a dal y llong gyntaf adref'. Ni thybiaswn erioed y cawn glywed y fath eiriau gan un o arwyr y maes chwarae! Ond yn ein blaenau yr aethom gan aros mewn hosteli ieuenctid tra chyntefig, a *Pererindodau* W. Ambrose Bebb yn llewyrch i'n llwybrau. Yn Iwerddon teithiasom o Luimneach i Gaillimh ar lofft bws deulawr, a'r glaw'n tywyllu'r ffenestri am ran, beth bynnag, o'r daith. Wrth inni ddod i mewn i Gaillimh dyma ŵr mewn abid mynach (neu Frawd) a eisteddai o'n blaen ar hyd y siwrnai yn troi atom a dweud mor braf oedd ein clywed yn siarad yr hyn a ddyfalasai a oedd yn Gymraeg drwy gydol ein taith. Gofynasom iddo pwy oedd yntau, ac atebodd mai ef oedd yr Athro Athroniaeth yng Ngholeg Prifysgol Gaillimh, a'i fod yn dysgu ei bwnc drwy gyfrwng yr Wyddeleg. Ein cymwynaswr mawr yn Gaillimh oedd yr Athro Tomás Ó Máille, yr ysgolhaig Gwyddeleg, ac ar ei aelwyd un noson cwrddasom â Darlithwraig o'r Adran Addysg y cyfeiriem ati o hynny ymlaen fel Dr. Gwenan Iwerddon. Dywedai wrthym fod ei nith yn mynd i Ffrainc yn fuan, a gwnaethom ninnau holi ai drwy Abergwaun neu Gaergybi. 'No,' atebodd Dr. Gwenan, 'she's flying. I don't want her to touch England.' Eiriau iasol i'w cofnodi wedi'r holl flynyddoedd.

Wrth ddarllen hunangofiant anghyffredin Gwynfor yn ddiweddar y ddeubeth a'm trawodd fwyaf oedd arwriaeth ei ymroddiad diflino i achos Cymru gaeth a'i ymlyniad diwyro wrth ei egwyddorion. Yn ei ffordd ddiymhongar ac yn ddiarwybod iddo'i hun ysgrifennodd epig. Mor bitw wrth ei ymyl ef yr ymddengys y rheini a droes yn sefydliadol-barchus ac yn rhy fawreddog yn eu safleoedd syfrdan i allu mynychu cyfarfodydd y Blaid mwyach, chwaethach gorymdeithio neu weithredu gyda Chymdeithas yr Iaith. Gwrthod yr O.B.E. a wnaeth Carwyn, a sefyll hyd y diwedd yn llinach ei arwyr digymrodedd o Shir Gâr: Gwynfor, Gwenallt a D.J. Hoffaf feddwl bod ein teithiau drwy Lydaw ac Iwerddon, a'n siwrnai i Drawsfynydd, i gyd yn rhan o'i gynhysgaeth fel Pleidiwr.

Y mae syniad fod Carwyn wedi cadw llawer iddo'i hun, ac

yn wir clywais ei fam yn cwyno un tro na châi wybod unrhyw fanion blasus ganddo ef, fel gan Dewi ei frawd! Ond camgymeriad fyddai tybio na allai rannu ei feddyliau. Adeg ein cydletya yn nyddiau coleg adroddodd wrthyf lawer o'r cyfrinachau y bydd gwŷr ieuainc yn eu sibrwd wrth ei gilydd, ac ar hyd y blynyddoedd yr oedd mor llawn o ymddiriedaeth ag unrhyw un. Erys llawer o bethau yn awr na chaiff neb arall eu gwybod. Y mae archoll ym mywydau unigolion fel myfi o'i golli hefyd, a chan na chawn ni siwrneio mwy gofynnaf innau: 'Onid hoff yw cofio'n taith?'

YR ATHRO YN LLANYMDDYFRI

Geraint Eckley

Pethau rhyfedd yw atgofion. Yn un o'i ganeuon diweddar mae Leo Sayer yn canu ei fod yn teimlo fel plentyn ysgol wrth ddisgrifio rhyw brofiad llawen. Gan Tecwyn Lloyd ceir disgrifiad cyffelyb ond ei fod ef yn teimlo'r blynyddoedd yn diosg oddi arno pan droediodd ei gyn-brifathrawes tuag ato a'i gyfarch gyda'i 'Bore da, Lloyd'. I mi, y mae meddwl am Carwyn yn fy mwrw'n ôl i gyfnod ysgol. Y perygl yn hyn yw imi siarad mwy amdanaf fy hun nag am Carwyn a chan na chefais gyfle i sgwrsio neu gymysgu llawer gydag ef ar ôl dyddiau ysgol, y perygl pellach yw rhoi darlun unochrog ohono o safbwynt cyn-ddisgybl a methu gweld cyfanrwydd ei gymeriad. Un rhybudd arall i'r darllenydd! Nid wyf yn ŵr sydd yn fanwl-atgofus, ni chedwais gofnodion dyddiadurol a chyfaddefaf fy mod yn ddigon aml yn ddirmygus o ormodedd o lenyddiaeth atgofion sydd fel petai'n ffurf arall ar ffasiwn y ganrif ddiwethaf o gyhoeddi 'cofiannau' i enwogion y dydd. Ac er fy mod wedi cael blas arbennig ar rai cyfrolau o atgofion plentyndod, pan fo cyfrolau ar gyfrolau o stwff felly'n cael ei gyhoeddi mi fyddaf yn tybied a ydym wedi'r cyfan yn edrych yn ôl yn ormodol.

Ond, i ddychwelyd at Carwyn. Fe ddaeth i Goleg Llanymddyfri, decini, ym mis Medi 1956. Mae'n siwr mai ymgais y Prifathro i Gymreigio'r coleg oedd penodi athro Cymraeg, oherwydd cyn penodiad Carwyn nid oedd athro Cymraeg yno. Bid siwr, yr oeddem yn cael gwersi Cymraeg cyn hynny ac yr oedd y cyfan yn arwain at sefyll arholiad dan fwrdd Rhydychen a Chaergrawnt. Gosod papur ar gyfer dysgwyr a wnâi'r bwrdd ac yn y papur hwnnw y llwyddais i a llawer o Gymry Cymraeg eraill yn ein lefel O. Erbyn y flwyddyn ganlynol yr oedd yr arholiadau Cymraeg beth bynnag yn cael eu cynnal dan fwrdd y Cyd-Bwyllgor Addysg Cymreig. Mae'n siwr gennyf ei fod yn bleser iddo weld un o'i gyn-ddisgyblion, Iolo Walters, yn cael ei benodi'n bennaeth Adran Gymraeg y bwrdd hwnnw.

Ni allaf roi fy mys ar unrhyw un digwyddiad arbennig a all ddangos yr argraff a wnaeth ar yr ysgol. Ond o fewn

77

ychydig ar ôl iddo ddod yno, roedd yna fwrlwm o gymreictod drwy'r ysgol. Fe ŵyr y cyfarwydd fod yna ryw gynnwrf arbennig mewn eisteddfod ysgol, tri thŷ yn cystadlu yn erbyn ei gilydd am farciau, a'r gynulleidfa yn ferw o floeddio! Bechgyn o bob oed a chefndir yn cystadlu gyda'i gilydd ac yn erbyn ei gilydd—arlunio, adrodd, cerddoriaeth, cyfansoddi a chanu. Yr uchafbwynt oedd cystadleuaeth corau'r tai a thrwy'r cystadlu yma y dysgais yr alawon Cymreig. Datblygodd y tai yma ar ffurf o ofalaeth yn yr ysgol a phenodwyd yntau yn bennaeth ar un ohonynt. Yn ystod y cyfnod yr oeddwn i yno, trosglwyddwyd yr awdurdod disgyblu yn araf oddi wrth y 'prefect' i'r athro a oedd yn bennaeth y tŷ. Yr oedd y system yn tyfu mewn gwarineb.

Dychmygaf yn awr adeiladau ac ystafelloedd yr ysgol a'r caeau chwarae. Hawdd yw cysylltu Carwyn gyda phob un ohonynt bron: yn y brif neuadd yn arolygu pan oedd disgwyl i ni weithio gyda'r nos—y 'prep' bondigrybwyll. Yr ystafelloedd oddi ar y neuadd a fu yn eu tro yn ystafelloedd dosbarth inni—yn un o'r rhain y cofiaf amdano'n sôn ei fod unwaith wedi colli ei dymer gyda llanc yn Ysgol Caerfyrddin nes iddo'i daro yn ei stumog a hwnnw'n plygu'n blet fel cyllell boced cyn disgyn i'r llawr. Yn un o'r ystafelloedd eraill gallaf fy ngweld fy hun yn edrych ar un o'r coed tal, tlws a'r dail yn dechrau newid eu lliw a Charwyn yn rhoi gwers ar ramadeg. Hyd yn oed gydag ef, sych oedd y gwersi gramadeg ac ni châi yntau ddim blas arnynt chwaith. Yn y neuadd fwyta wrth y bwrdd uchel yn cadw trefn. Yn ysgubo i mewn i'r ystafelloedd ger y neuadd fwyta yn ei ŵn du fel y gweddill o'r athrawon. A chofiaf yn glir i mi unwaith o'r tu allan weiddi'n bryfoclyd ar un o'r bechgyn trwy'r ffenest agored gan ddefnyddio ymadrodd digon diraddiol a hwnnw'n annisgwyl yn dweud dim, dim bloedd yn ôl na rheg—sylweddoli wedyn fod Carwyn yno yn yr ystafell! Dacw nhw y rhesaid o ystafelloedd gwely ac yntau gyda'r nos yn galw heibio gyda'i gyfarchiad; y clwstwr o gelloedd bach—stydis i ni yn y chweched—ac ystafell Carwyn oddi ar y landing yn wynebu sgwâr y 'quad' a'r eglwys. I'r sgwâr hwnnw y deuai'r car bach llwyd Morris 1000—dyn a ŵyr ar ba daith yr oedd wedi bod cyn cyrraedd yno. Bûm i ynddo ar lawer taith i chwarae rygbi, ac unwaith o leiaf gyda rhyw bedwar neu bump arall ar bryn-hawn Sul i Lanwrtyd. Cael ein tretio i de mewn gwesty yno ac ar y ffordd yn ôl. Wyndham Evans, yr athro ysgrythur—yntau hefyd â llond car o blant, yn ein pasio yn ei A35 fel herc ar stribyn o'r ffordd a ninnau'n gweiddi ein hang-hymeradwyaeth, a'i lwyth yntau o fechgyn yn bloeddio'n braf, mae'n siwr.

Gan ei fod yn athro tŷ ac yn byw i mewn yn yr ysgol, roedd yr ystafell honno ar ben y landing yn gartref iddo. A phan oeddwn yn y chweched dosbarth, i'r ystafell hon yr aem i gael ein gwersi. Nid oedd ryfedd fod Cymraeg yn wahanol i bob gwers arall, roedd yno gysur cadeiriau esmwyth a gallem ymlacio'n braf. Carwyn fynychaf ar ochr dde'r lle tân yn tynnu'n ddwfn ar ei sigarét, cyfrol gan Parry-Williams neu Kate Roberts neu efallai waith Beirdd yr Uchelwyr neu T. Gwynn Jones ar ei lin. Traethu am dipyn cyn bwrw abwyd arall i gynhyrfu'r meddwl. Roedd ganddo ddawn dilechdid a dawn trafod. Dawn i ysgogi a dawn i greu brwdfrydedd. Ni chynhelid pob gwers Gym-raeg yn yr ystafell hon, mae'n debyg am nad oedd yn hwylus i ysgrifennu ynddi, ond mae'n siwr gennyf fel yr oedd amser yn mynd rhagddo ein bod yno fwyfwy yn trin a thrafod. Yn fy mlwyddyn gyntaf yn y chweched dosbarth cofiaf ein bod yn ymuno i drafod gyda disgyblion hŷn ac yn cael cwmni Hywel Wyn Jones sydd erbyn hyn yn swyddog yng Nghofrestrfa'r Brifysgol yn Aberystwyth a Guto Gwent sydd yn awr yn gyfreithiwr a chlarc ynadon. Ac yn yr un flwyddyn â mi roedd Deian Hopkin sy'n sylwebydd gwleid-yddol a darlithydd hanes, a Iolo Walters y soniais amdano eisoes. Yr oedd pob un ohonom yn ddigon parod i siarad a thrafod ac mae'n siwr mai trwy Carwyn y cafodd Deian, Iolo a minnau fynd ar raglen radio yn Abertawe a'r diw-eddar Athro Jac L. Williams yn cadeirio'r rhaglen. Ac i siarad mewn termau rygbi rwy'n siwr fod y tri ohonom yn ddigon parod i daclo rhywbeth neu rywun.

Crwydraf draw i eglwys yr ysgol am funud. Cofiaf Car-wyn yn annerch yno ar ddydd Gŵyl Dewi, ac yno y clywais gyntaf am bregeth olaf Dewi Sant, am wneud y pethau bychain, am ddymuniad rhai o sylfaenwyr Coleg Llanym-ddyfri i gael ysgol breswyl Gymreig. Maddeued y darllenydd imi am fy atgofion gwibiog, ond pethau felly yw atgofion. Canwn yng nghôr yr ysgol a golygai hyn eistedd yn seddi traws y côr yn yr eglwys, ac yn aml iawn dôi Carwyn atom i seddau'r tenoriaid a'i lais tenor yn ysgafn a swynol. Mae'n siwr y byddai'n cofio'n sydyn am bractis côr os oedd ffenestri ei ystafell ar agor ac organ yr eglwys yn codi i ymchwydd urddasol.

Tu hwnt i'r eglwys yr oedd y cae rygbi. Roedd caeau eraill hefyd i lawr ar y dolydd ar lannau afon Tywi. Ar y dolydd hynny y chwaraeem cyn cyrraedd tîm yr ysgol ac yno y caem ein hyfforddi i chwarae rygbi gan Carwyn a'r athrawon eraill.

Dyna beth arall sy'n fy nharo—parodrwydd llawer o'r athrawon i roi o'u hamser a'u hegni ar ôl y gwersi swyddogol i'n hyfforddi mewn chwaraeon a drama a cherddoriaeth a threfnu ymweliadau i theatrau a chanolfannau eraill. Byddai tri neu bedwar o athrawon ar y caeau rygbi neu griced yn hyfforddi neu ddyfarnu, ac yn aml yn llythrennol ar lan yr afon yn goruchwylio'r nofio. Hyd yn oed wrth ddyfarnu mewn gêm rygbi byddai Carwyn weithiau yn ochri gyda'r tîm oedd yn colli gan redeg yn sydyn a herciog i roi sbardun yn y tîm hwnnw.

A sôn am rygbi, awn yn ôl i un o ystafelloedd eraill yr ysgol, i'r labordai gwyddonol. Yno y gwelem y gêmau ar y teledu ac yn aml iawn ffilmiau o deithiau tîm Cymru neu'r Llewod ac yntau yno wrth gwrs gyda'i sylwadau. Yn ddirybudd, cael recordydd tâp yn fy nghôl gyda'r gorchymyn i wylio gêm ysgol o ystafell uchel un o'r adeiladau oedd yn gwarchae'r cae gan wneud sylwebaeth Gymraeg. Roedd criw o fechgyn ysgol yno'r pryd hwnnw a allai wneud hyn cyn i B.B.C. Cymru fentro darllediadau o'r fath. Yn y labordai hyn y gwelais gyntaf ffilmiau ar hanes yr Urdd ac yno hefyd y cynhaliai Tecwyn Lloyd dymor o wersi allanol gan estyn ein hymwybyddiaeth o lenyddiaeth Gymraeg. Cyfarfyddai'r Gymdeithas Gymraeg yma gyda'i dadleuon a'i chwaraeon a'r hen Josh Evans, yr athro Cemeg, yn canu inni ryw unwaith bob blwyddyn 'Bachgen glân wyf fi . . .' Ar draws y lawnt oddi wrth y labordai safai'r gampfa, neu'r 'gym' fel y galwem ni hi. Enw anaddas iawn ydoedd gan na ddefnyddid y lle byth ar gyfer ymarfer corff ond caem weld pictiwrs yno bob nos Sadwrn a dramâu Saesneg ryw unwaith y flwyddyn. Ar ôl i Carwyn ddod, buan iawn yr oedd perfformio dramâu Cymraeg yno naill ai gennym ni neu trwy wahodd cwmnïau adnabyddus yno.

Cyn iddo fynd ar un o'i deithiau rygbi i Rwsia, roedd wedi mynd ati i ddysgu Rwsieg fel y gallai ddeall a dysgu mwy trwy ei ymweliad. Dengys hyn ynddo'i hunan nad oedd yn cydymffurfio â'r patrwm arferol o 'ddyn rygbi'. Pan ddaeth cyfle iddo yntau ddysgu'r iaith i fachgen ifanc a oedd yn awyddus i wneud, rhoddodd Carwyn wersi Rwsieg iddo. Yn wir, yr oedd cyn hynny wedi dysgu Cymraeg iddo. Mae gennyf syniad fod y bachgen hwnnw wedi graddio mewn Rwsieg yn ddiweddarach. Dawn brin yw dawn athro fel yna. Gan ddod at fy mhrofiad i, fe ddysgodd i mi gyng-aneddu—fe wyddai reolau cynghanedd ei hun ond hyd y gwn i nid oedd yn gynganeddwr. Dawn trosglwyddo, dawn athro, dawn dysgu. Cydnabod hynny yw fy mraint i. Fe awn yn ôl i'r cae rygbi gan sylwi wrth ei wylio ef yn chwarae fod ei symudiad yn wibiog a sydyn ac annisgwyl, ond er cystal chwaraewr ydoedd, fel athro neu hyfforddwr y daeth yn enwog. Chwith meddwl mai trwy hyfforddi tîm y Llewod Prydeinig ac nid tîm ei wlad ei hun y cafodd ei gyfle ac y profodd ei ddawn.

Ond mae'r cof yn mynnu fy arwain yn ôl i'w ystafell. Roedd hi'n ystafell cerydd a chosb yn ogystal â bod yn ystafell ddysgu. Pan ddôi'r adeg i dderbyn crasfa trwy gael dapsen ar ben ôl deirgwaith, roedd Carwyn yn hen gosbwr anniddig. Byddai'n loetran yn hir cyn mynd at y gorchwyl a hyd at ysgrifennu'r geiriau yma tybiais o hyd mai'r bwriad oedd gwneud i rywun deimlo'n annifyr cyn gwein-yddu'r gosb. Heddiw, nid wyf mor siŵr. Ni ddylwn esgus ychwaith fod Carwyn yn dderbyniol gan bob un o'i ddis-gyblion; roedd rhai yn wrthwynebus i'w Gymreictod a beir-niadai eraill ef am fod yn gyfeillgar un diwrnod ond dran-noeth yn athro yn cario awdurdod. Ond rwyf eto yn ei ystafell, a'r tro hwn yn paratoi at gystadleuaeth gyd-adrodd. Crefft od i mi yw adrodd a chydadrodd—ta beth am hynny, mae hi'n 'Draw dros y don' i gyfeiliant telyn. Carwyn yn hyfforddi, wedi galw Eifion i mewn i helpu gyda'r dehongli, a Carwyn yn wargam o'n blaenau a'i lyg-

81

aid ynghau, sigarét yn ei law yn codi a gostwng gydag ym-chwydd a gosteg y geiriau, a'r aeliau'n tynhau os yw'r lleis-iau'n rhy gras neu'n rhy gryf. Rhyw bractis am hanner awr ar bob adeg o'r dydd ac, os oedd rhaid, yn hwyr yn y nos nes oeddem yn fwy disgybledig na'r un tîm rygbi yn cyd-symud, asio a chyd-leisio fel 'watch'. Gwaith tîm trylwyr, disgybledig. Cyfle trwy hynny i fynd i eisteddfodau'r Urdd, y cyfle cyntaf i lawer ohonom deithio trwy Gymru ac aros ar aelwydydd Cymreig croesawgar. Beth bynnag am gyd-adrodd, rwyf yn cofio 'Draw dros y don' hyd heddiw ac ni allaf beidio â'i hadrodd gyda'r un oslef a'r un pwyslais.

Pan adewais Goleg Llanymddyfri a mynd i Goleg Aber-ystwyth, tybiais yn ddiniwed y byddai'r darlithiau yn debyg i wersi a sgyrsiau Carwyn. Ond nid oes gennym hawl i ddisgwyl yr un disgleirdeb ac ymroddiad oddi wrth bob athro—ond pan fo athro felly yn gafael yn nychymyg rhywun, braint yw cofio amdano. Syndod imi hefyd oedd sylweddoli ar ôl cyrraedd Aberystwyth fy mod wedi cael Cymreiciach cychwyn ganddo ef nag a gafodd cyfeillion imi o ysgolion gramadeg rhai o gadarnleoedd y Gymraeg. Ac mae 'na atgofion eraill digyswllt sy'n ddigri rywsut. Roeddwn wedi cael fy newis i chwarae i dîm 'rygbi saith' yr ysgol a golygai hyn drip i Lundain tuag adeg y Pasg, yr un adeg ag yr eisteddid papurau arholiad gwobrau Aber-ystwyth. Wrth gwrs, i mi, nid oedd yr un amheuaeth sut i ddewis ac i chwarae yn un o'r saith yr es. Ar waelod y gris-iau wrth y neuadd fwyta, pan sylweddolodd Carwyn beth oedd fy newis cefais gerydd eitha llym! A darlun arall ohono yn ei ystafell yng nghanol myrdd o bapurau a chop-ïau o lawysgrifau o gyfnod Beirdd yr Uchelwyr yn ceisio hel pethau at ei gilydd at ymchwil M.A. ar ryw gymeriad fel Edwart ap Raff. Cofiaf ef yn gwenu yng nghanol y cwbwl.

A chofiaf ei wên. Ei wên yn hytrach na'i chwerthin. Gallai wenu'n nawddogol fel pob athro, ond gan amlaf gwên hawddgar iach ydoedd. Teimlaf hiraeth amdani. Teimlaf chwithdod o'i cholli. Colli fy hen athro a esboniodd imi un o linellau Williams Parry wrth goffáu Hedd Wyn:

Mwyaf garw oedd marw ymhell.
Marw yn Amsterdam.

CARWYN—YR ATHRO YNG NGOFAL Y PETHAU CYMREIG ATGOFION CYD-ATHRO 1960-69

Iwan Bryn Williams

Mae gan y diweddar Jacob Davies ddarn adrodd, digri, sy'n cyfeirio, ymhlith pethau eraill, at dŷ efo'r drws ffrynt yn y 'back'. Lle felly, i bob pwrpas, oedd Coleg Llanymddyfri yn ystod y chwedegau os nad cynt a chwedyn. Pe deuai dieithryn i mewn trwy'r gât haearn hardd ar gwr yr A40 a throi i'r chwith i gyfeiriad drws a ymdebygai i brif fynedfa gallai fod ar goll am gwarter awr yn hawdd. Ond o fynd ymlaen ar hyd y ffordd a arweiniai rhwng y capel ar y llaw dde a neuadd y Coleg ar y llaw chwith fe ddeuai at fuarth agored, ambell gar wedi ei barcio ar ei gyrion a nifer o fechgyn yn chwarae pêl mewn dau gwrt, tebyg i gyrtiau sboncen, agored. O ofyn cyngor câi ei gyfeirio at ddrws llwyd diaddurn y symudai rhagor o fechgyn llwyd eu gwisg yn ôl a blaen trwyddo. Y buarth yma—neu y 'ball-courts'—oedd canolfan mynd a dod y Coleg, maes parcio i ymwelwyr, maes parêd y C.C.F., maes chwarae'r bechgyn a llawer mwy; ac yno, ar y llawr cyntaf, yr oedd ffenestr yr ystafell fwyaf allweddol yn y lle, ac ynddi o dro i dro fe gaech gipolwg ar wyneb rhadlon Carwyn yn bwrw trem dros ei ystad.

Wedi mynd i mewn trwy'r drws a dringo'r grisiau cerrig treuliedig i'r llawr cyntaf fe gaech hyd i ddrws ystafell Athro Tŷ, Tŷ Cadog, ar agor yn amlach na pheidio, a chroeso i mewn. Os na fyddai'r teledu mawr ar law dde y tân nwy yn dangos gêm griced, byddai seiniau Mozart yn dod o'r radiogram anferth ger y ffenest a bachgen neu ddau ar y llawr yn turio trwy domen o recordiau clasurol am y record nesaf. Tu ôl i'r soffa ddu a melyn a wynebai'r tân, roedd bwrdd mawr na ellid gweld ei wyneb gan lyfrau a phapurau a thu ôl i hwnnw ar y pared, silff ar ben silff o lyfrau. Yn yr un pared roedd drws agored a chipolwg trwyddo ar ystafell ymolchi a llofft. O droi i wynebu'r tân nwy gwelid dwy gadair esmwyth o bobtu iddo, a phlwg trydan gyda mwy na digon o geblau yn arwain i wahanol gyfeiriadau—

83

un i decell; pot coffi a chwpanau wrth ei ymyl ar y llawr a phecyn siwgr. Dim llaeth. Y tebot heb fod ymhell. Dan y cadeiriau byddai pâr o slipars ac esgidiau, esgidiau du dan y gadair yn arwydd fod yr Athro Tŷ wedi codi mewn hwyl go-lew cyn dewis y pâr brown i'w gwisgo. Dau neu dri o flychau llwch go lawn yn ymwthio i'r golwg o dan hen bap-urau newydd, ac arogl tybaco yn drwm trwy'r ystafell. O godi'r llygad uwchben y tân nwy, canfod argrafflun gan Ceri Richards, y dwylo hyll ar y piano cam yn hawlio sylw.

Ac yma y cartrefai Carwyn. Gwn o brofiad bellach fod syniad y cyhoedd am natur gwaith athro ysgol ddyddiol yn hynod o gyfeiliornus—'naw tan hanner awr 'di tri a'r holl wyliau yna!', ond beth am waith athro tŷ mewn Ysgol Bres-wyl ym 1960? Erbyn hynny roedd Carwyn wedi cael blwy-ddyn neu ddwy i gyfarwyddo â'r drefn ar ôl cyrraedd Llan-ymddyfri o Ysgol Ramadeg y Bechgyn yng Nghaerfyrddin. A'r fath drefn! O fewn ugain llath i'w ystafell, mewn llofft-ydd mawr, Dolau Cothi, Llywelyn, Cawdor ac eraill, cysgai rhyw 60 o fechgyn, bechgyn Cadog, bechgyn yn amrywio o'r tair ar ddeg i'r deunaw oed. Cysgent yn ddigon digysur hyd nes y canai'r gloch godi am gwarter wedi saith y bore ac un arall wedyn ymhen cwarter awr. Erbyn hyn byddai'r swyddog, o gysur ei wely, yn annog pawb arall i godi, a ffrwydrai'r tŷ yn fyw erbyn y gloch frecwast am gwarter i wyth. Un wythnos ym mhob tair byddai'r tri athro tŷ yn eu tro yn llywyddu dros bob pryd bwyd yn y neuadd fwyta. Gofyn bendith i ddechrau, ambell dro mewn Lladin, ond yn Gymraeg gan Carwyn, cerdded yn ôl a blaen rhwng y byrddau pren, cerdded ar hyd yr ystafell a'r darlun o Thomas Phillips uwchben yr arch-fwrdd i gyfeiriad Arglwyddes Llanofer, o dan wenau tirion esgobion ac arch-esgobion ar bob llaw. Galw am dawelwch cyn diwedd bob pryd i'r Swyddog am y dydd alw'r enwau, a gwrando'r ateb 'Ad Sum' yn cael ei lygru mewn dau gant o wahanol ebych-iadau. Yna dweud gras eilwaith ar ôl i'r byrddau gael eu clirio. Wedi i'r plant gilio o'u brecwast, pigai Carwyn ryw ychydig frecwast iddo'i hun a chael sgwrs efo hwn a'r llall o'r athrawon cynharaf cyn casglu ei bapur newydd a chyr-raedd yn ôl i'w ystafell. Ymhen rhyw gwarter awr clywai sŵn traed y bechgyn yn symud yn drefnus o'r Neuadd i'r capel trwy'r drws llwyd; o hir arfer gwyddai yn union pryd i godi o'i gadair, cipio ei ŵn a'i gwisgo wrth lamu i lawr y grisiau a brasgamu am y capel er mwyn cyrraedd wrth i'r athro olaf ddechrau cau'r drws. Bore o wersi wedyn, dysgu Cymraeg a dim arall, cyn llywyddu eto ar y plant adeg cinio am un o'r gloch. Erbyn dau, hwylio i newid i fynd allan ar y cae am awr a hanner i hyfforddi tîm rygbi, a bath poeth yn ei ystafell wedyn cyn llywyddu dros de bach am bedwar. Am hanner awr wedi pedwar dechrau dysgu am ddwy awr cyn swper am gwarter i saith ac yna cyfle am hoe dros swper efo gweddill yr athrawon dibriod tra gweithiai'r bechgyn yn y Neuadd ar eu gwaith paratoi.

Erbyn naw o'r gloch byddai rhai o'r bechgyn ifancaf yn hwylio am wely a byddai siawns i Carwyn gael sgwrs efo hwn a'r llall, holi hanes y dydd, gweld fod pawb yn weddol hapus a chytûn, llongyfarch neu gydymdeimlo yn dawel ar erchwyn gwely, tynnu coes un arall a chwerthin mawr. Diweddai'r hwyrol 'brep' am gwarter i ddeg a rhuthrai ambell un o'r bechgyn hynaf i'r golwg i gael caniatâd i wneud 'Extra-late (prep)'—'Dim hwyrach na . . .'

Tawelai Tŷ Cadog a byddai yntau'r Athro Tŷ yn newid ei esgidiau am ei slipars, berwi'r tecell, ac yn meddwl am farcio set o lyfrau, am ysgrifennu erthygl i hwn neu arall, am drefnu hyn a'r llall dros y ffôn, ac at wynebu yfory digon tebyg o fore Llun i nos Sul am oddeutu deuddeg wythnos. Wrth gwrs nid oedd gwersi ar y Sul na chwaith fin-nos Sadwrn, na min-nos Iau a Mawrth ond yn eu lle roedd y Gymdeithas Gymraeg ar nos Fawrth, ymarfer côr y capel ar nos Iau, a'r sinema i'w harolygu yn ei dro ar nos Sadwrn.

Nid gwaith oedd bod yn Athro Tŷ, ond ffordd o fyw. I'r sawl a fu'n swyddog yn Llangrannog, rhyw wersyll di-ddiwedd ond bod gwaith academaidd yn digwydd yno hefyd. Yn Llangrannog y cyfarfu llawer o ieuenctid Cymru â Charwyn, a minnau yn eu plith. Mewn adegau o wendid, neu o hwyl arferai Carwyn ymffrostio mai ef a'm penododd i'm swydd gyntaf yn Llanymddyfri. Roeddwn yn ansicr yn fy meddwl pa un ai cynnig am y swydd neu beidio pan welais ei hysbysebu ym mis Mai 1960 felly penderfynu ysgrifennu ato ef i weld pa fath swydd ydoedd. Trannoeth dyma Carwyn ar y ffôn yn llawn brwdfrydedd, yn fy nghyflwyno i

'Josh', (D. J. Evans) y pen-gwyddonydd, ac yn trefnu cyfweliad i mi cyn diwedd yr wythnos. Mae'n rhaid ei fod wedi canfasio cryn dipyn drosof gyda'r Warden, R. J. Tree, gan imi deimlo bod y carped coch allan ar fy nghyfer er mai fi oedd yr unig ymgeisydd, fel y deëllais yn ddiweddarach. O ystyried yn fwy difrifol roedd ymffrost Carwyn yn nes at y gwir nag a feddyliai mwy nag un ohonom yn Gymry ifanc, a apwyntiwyd i staff y Coleg yn ystod Wardeniaeth Ronald Tree. Roedd Carwyn wedi ei apwyntio gan y Warden G. O. Williams, y warden cyntaf i gymryd diddordeb yng Nghymreictod y Coleg ers blynyddoedd lawer. Ar ei ymadawiad ef i fod yn Esgob Bangor a dyfodiad R. J. Tree, a oedd yn Gymro da ond heb argyhoeddiad Cymraeg cryf, amlwg ei ragflaenydd, cymerodd Carwyn ar ei ysgwyddau ei hun genhadaeth G. O. Williams. Rhan o'r genhadaeth yma oedd cefnogi ceisiadau gan Gymry pybyr am swyddi yn y Coleg. Yr oedd ganddo ddylanwad mawr ar y Warden ac fe bwysleisiai Carwyn unrhyw rinweddau a feddem o du allan i unrhyw gymhwyster academaidd.

Roedd llawer o bobl y siaradwn â hwy wedi imi ddechrau ar fy ngwaith yn naturiol gysylltu enw'r Coleg â Charwyn ond yn tybio mai athro rygbi oedd o. Athro Cymraeg oedd o wrth gwrs ac ef oedd yn gyfrifol am y pwnc trwy'r ysgol. Astudiodd nifer dda o fechgyn at lefel A bob blwyddyn gan gynnwys rhai megis Guto ap Gwent, Ifan Payne, Hywel Wyn Jones, Deian Hopkin, Geraint Eckley, Iolo Walters, R. L. Jones, Maldwyn Pate, Andrew Bennet, D. Wyn Smith, W. J. Ishmael, Gareth Wyn Jones, Huw ap Iorwerth, John Jenkins, Llew ap Gwent, a D. Elwyn Evans; o'r rhain mae nifer helaeth bellach mewn swyddi dylanwadol yng Nghymru a thu hwnt i Glawdd Offa. Roedd y canlyniadau yn yr arholiadau yn dda bob amser ac nid oedd amheuaeth nad oedd yn athro effeithiol iawn. Weithiau cawn gipolwg arno o flaen dosbarth ac o'r profiadau yma ac o siarad â rhai a fu dan ei ddisgyblaeth roedd yn weddol amlwg mai maswr ydoedd ymhlith athrawon fel ar y cae rygbi. Mae yna 'brops' o athrawon, rhai diwyro a chadarn, a diolch amdanynt. Mae rhai eraill sy'n gallu cyrraedd yn uchel ond heb fod mor gyflym ar eu traed. Eraill yn ganolwyr da, yn taclo'r gwaith o ddifri, ambell asgellwr chwim yn dangos ei

86

hun ar ôl pasio'r gelyn, ac ambell wythwr hefyd yn gofalu bod pob bwlch wedi ei gau. Ond maswr oedd Carwyn; dibynnai lawr ar fflach o ysbrydoliaeth, gallai symud yn gyflym odiaeth dros gyfnod byr yn pentyrru gwaith, edrychai a meddyliai lawer am y gêm a gwyddai sut i fod fwyaf effeithiol, roedd ei symudiadau gorau yn gwefreiddio ei gynulleidfa, ac yn y munudau olaf, cyn arholiad, roedd yn hynod o effeithiol yn taclo mewn mannau dyrys.

Dysgai lawer o'i wersi yn ei ystafell ei hun pan oedd y dosbarth yn ddigon bach i allu gwneud hynny'n bosibl. Anodd iawn i athro ysgol gyfun heddiw yw credu y gallai athro ddysgu ei chweched dosbarth o gadair freichiau, cwpaned o goffi yn ei law, ei slipars am ei draed (ac, ar brydiau, yn ei ŵn-wisgo), a chodi i fyd arall wrth drafod Kate Roberts, Parry-Williams, a Gwenallt.

Nid oedd y Gymraeg yn bwnc gorfodol ar ôl yr ail flwyddyn ond roedd pawb o blant Dosbarth 1 a 2, waeth beth fo'u cefndir, yn astudio'r pwnc. Mae lle i gredu fod ymlyniad y Coleg wrth y Gymraeg fel pwnc ar yr amserlen wedi peri i nifer o rieni beidio ag anfon eu plant yno, ond yma y rhagorai Carwyn dros gymaint o athrawon Cymraeg eraill. Byddai'r un rhieni yn barod i anfon eu plant i'r ysgol a bod gobaith iddynt gael eu hyfforddi ar y maes rygbi ganddo. Ond trwy drugaredd roedd sefyllfa'r Coleg fel ysgol breswyl yn bur wahanol i'r mwyafrif helaeth o ysgolion preswyl eraill. Deuai'r mwyafrif o'r bechgyn i'r Coleg yn 11 oed ac nid yn 13. Roedd nifer helaeth o rieni Cymraeg yn barod i anfon eu plant i ysgol breswyl yn 11 oed heb orfod eu hanfon cyn hynny i ysgol ragbaratoawl i feddwl symud ymlaen yn 13 oed. Deuai'r mwyafrif o'r bechgyn felly i'r Coleg ar ôl bod yn ysgolion cynradd gwladol Cymru. Roedd tua hanner y rhain yn Gymry o ran iaith—chwech ohonynt yn flynyddol o Sir Gaerfyrddin ar ysgoloriaeth—a'r lleill yn bur Gymreig eu diddordebau, ac ar brydiau, eu cystrawennau. Trigai'r plant 11 a 12 oed yn nhŷ Llandingad sydd ar ochr chwith yr A40 lle mae honno'n cymryd tro sydyn trwy ongl sgwâr ar ei thaith trwy'r dref tua'r gorllewin. Gyda'r plant yma, Carwyn yr actor oedd ar waith, yn difyrru, yn llawn hwyl, yn tynnu coes ac yn dod yn ffrindiau. Glynai nifer dda fel gele yn ei gyfeillgarwch pan ddeuai'n waith dewis yn nosbarth 3 rhwng y Gymraeg a phwnc academaidd arall megis Daearyddiaeth. Yn y chweched dosbarth, fel ar y maes rygbi, roedd ei hyfforddiant yn pwyso'n drwm ar ei adnabyddiaeth ef o bersonoliaeth pob unigolyn ac roedd yn credu mai un o brif nodweddion addysg oedd helpu'r unigolyn i'w adnabod ef ei hun.

Pwysodd ar y Warden am gymorth i ddysgu ei bwnc a sicrhawyd W. Lindsay Evans i'w helpu ac wedi hynny, Alan Parsons, a oedd yn arbenigwr mewn dysgu ail-iaith. Byth ers apwyntiad Lindsay mae dau athro Cymraeg wedi bod yn y Coleg.

Fe sefydlwyd Coleg Llanymddyfri ym 1848 er mwyn sicrhau, ymhlith pethau eraill, bod gwŷr ifanc o Gymry yn cael eu meithrin i fod yn arweinwyr ym mywyd Cymru ac yn arbennig yng ngwaith yr Eglwys. Roedd yn fwriad gan y sylfaenydd i un dydd o bob wythnos gael ei dreulio yn ymwneud â'r Gymraeg. Nid oedd hynny mor ymarferol ag y tybiai ef ond byddai gweld y Coleg efo'r Gymraeg yn hydreiddio trwyddo yn sicr o fod yn unol â'i amcanion. Roedd yn amlwg fod gwaith y Warden G. O. Williams yn y pumdegau wedi llwyddo i symud yn bell iawn i'r cyfeiriad yma. Yn ei lythyr yn cynnig swydd i mi, neu i gynnig cyfle i mi 'ddysgu sut i addysgu', cyfeiriodd R. J. Tree y byddai'r 'ddau athro sydd yng ngofal pethau Cymreig, Mr Carwyn James a Mr D. Eifion Davies' yn falch o bob cynhorthwy. Un o'r prif gyfryngau i gynnal y diwylliant Cymraeg oedd y Gymdeithas Gymraeg. Cyfarfyddai'r Gymdeithas bob nos Fawrth yn yr Ystafell Ddarlithio, a oedd yn rhan o'r Ysgol Wyddoniaeth. Mae adroddiad diddorol iawn am y Gymdeithas yng nghylchgrawn y Coleg—y *Journal*. Yn rhifyn 1960-61 dywed Deian Hopkin.

> Cawn gymaint o siarad y dyddiau yma am 'wynt y newid'; nid gwynt a ddisgynnodd ar y Gymdeithas eleni ond corwynt. Etholwyd swyddogion . . . a phwyllgor o bedwar aelod. Ond yn wir nid oedd fawr waith yn ein haros canys darparwyd rhaglen helaeth ar ein cyfer gan Mr James.

Nid oedd Carwyn yn gredwr mawr mewn pwyllgor erioed! Roedd y ddarpariaeth yn eang iawn, darlith gan Dai Davies (y cricedwr a'r dyfarnwr) ar gricedwyr a phregethwyr, sgwrs gan y Parch. Bryn Williams ar ei ddychweliad o'r Wladfa, sgwrs gan Owen Edwards (S4C heddiw) am Fosgo a Leningrad, a noson o adrodd straeon gan y Parch. Jacob Davies. Daeth Noel John o Landeilo i 'ddatgelu inni rai o gyfrinachau'r grefft o ganu penillion'. (Er mai bechgyn yn unig oedd yn y Coleg roedd bri ar ganu yn enwedig gan fod aelodau blaenllaw tîm rygbi b'nawn Sadwrn yn efelychu'r angylion yng nghôr y capel drannoeth.) Cafwyd darlith gyda ffilm gan Dr Gwent Jones, Abertawe,— cyfrannwr cyson—ac un debyg gan Mr Evans, y fferyllydd lleol hefyd. Gwelaf fod yr athro gwyddoniaeth newydd wedi rhoi hyfforddiant ar ddawnsio gwerin, y tro cyntaf o lawer, gweithgarwch a ddaeth yn boblogaidd iawn pan lwyddwyd i berswadio Miss Rita Morgan i ddod â merched o Ysgol Pantycelyn i'r sesiynau yn Neuadd yr Eglwys. Daeth cwmni drama Mrs Edna Bonnell i chwarae 'Rhoi Pethe'n Iawn', yn y Coleg, a bu rhai o aelodau'r Gymdeithas i weld 'Eisteddfa Gwatwarwyr' yng Ngŵyl Ddrama Abertawe. Diweddwyd y tymor gyda Noson Lawen efo Jac a Wil, Madame Trixie Walters, Mrs Eurwen Richards a Mr D. J. Evans, yr athro Cemeg, a arferai ganu un gân arbennig yn flynyddol.

Mewn tymhorau eraill daeth Pegi ac Anita Williams atom, Sergeant Enoch o Rydaman, Dr. Glyn O. Phillips, Mr J. B. G. Thomas ('gan ei fod yn siarad yn Saesneg, gwa-hoddasom amryw fechgyn nad oeddynt yn aelodau o'r Gymdeithas i glywed y gŵr enwog hwn,' meddai Maldwyn Pate yn rhifyn Ionawr 1963 o'r *Journal*), Ronnie Williams, Clive Rowlands, Tom Davies, Dr. Harri Pritchard Jones, Mr Humphrey Humphreys, W. D. Williams, Mr. Gwynfor Evans, yr Athro T. J. Morgan, Mr. Leslie Richards, T. Llew Jones, Miss Mati Rees, Ken Jones, Mr Vince Phillips a llawer rhagor.

Wrth iddo sicrhau cymaint o amrywiaeth o wŷr enwog y genedl i gyfarfodydd y Gymdeithas roedd Carwyn yn profi ei ddawn fel gŵr poblogaidd mewn amrywiol gylchoedd. Dod fel cymwynas iddo ef a wnâi y mwyafrif o'r siaradwyr ac o edmygedd o'i ddoniau fel chwaraewr rygbi, fel Cymro ifanc tanbaid, neu fel cyfaill bore oes. Gofalai nad âi un gŵr gwadd ymaith heb bryd o fwyd a chael profi croeso cynnes ac mae'n siwr ei fod yntau yn ei dro wedi gorfod ad-dalu'r gymwynas iddynt hwythau mewn darlith neu seiat holi neu fel gŵr gwadd. Trwy alw ar y gwŷr gwadd yma i'r Gymdeithas llwyddodd i greu darlun newydd o'r hyn a ddigwyddai yn y Coleg mewn llawer man yng Nghymru ac fe esgorodd hynny ar gefnogaeth i'r Coleg, wrth i rieni hollol annisgwyl benderfynu ymddiried eu plant i'n gofal.

Nid oedd pawb, o bell ffordd, o fechgyn y Coleg yn perthyn i'r Gymdeithas Gymraeg ond yn nechrau'r chwedegau roedd bron pawb yn cael rhan yn yr Eisteddfod. Carwyn oedd y prif drefnydd ac fe sicrhaodd gydweithrediad athrawon o bob math i hyfforddi partïon a chorau fel bod yr ysgol i gyd yn paratoi at yr Eisteddfod ac yn mwynhau'r gweithgarwch. Roedd y beirniaid yn enwog gyda Miss Margaret Jenkins, A.E.M., Mr Edward Morgan, Mr Leslie Richards, Mrs Nansi Jones , Mr Eic Davies yn eu plith ac ym 1961 roedd y 'Parch. D. Jacob Davies, sy'n gyfrifol am seremonïau Coroni a Chadeirio yn Eisteddfod yr Urdd, yn llywio ein Seremoni Gadeirio ni yn hyfryd' (meddai'r *Journal*). Syrthiai'r Eisteddfod yn nhymor y Pasg pan nad oedd bwyslais o gwbl ar rygbi ond yn hytrach ar redeg traws gwlad, felly ar ôl cinio bob dydd fe geid rhyw dri chwarter awr i ymarfer. Wedi i rygbi ddod yn gêm bwysig yn y ddau dymor a thraws gwlad i nychu, ni fu cystal graen ar yr Eisteddfod.

Yn ogystal ag Eisteddfod Gymraeg fe gafwyd dramâu Cymraeg yn gyson a Charwyn oedd yn ysgogi hyn hefyd. Ond yn y maes yma gallai bwyso ar dalent eithriadol ei gyfaill Eifion i sicrhau safon uchel i'r cyflwyniad. Roedd gan Carwyn ei waith serch hynny. Ef drefnai'r ymarferiadau, byddai'n gofalu bod y plant yn brydlon, bod copïau ar gael, ac i ryw lefel gallai gynhyrchu yn ddigon effeithiol cyn trosglwyddo'r gwaith i Eifion am y sglein. Ym mis Mehefin 1960 cynhyrchwyd pedair drama fer yn y Coleg, un yn Saesneg, un yn Ffrangeg a dwy yn y Gymraeg sef 'Y Streic' (David Roberts) ac 'Y Practis' (Leyshon Williams), y naill gan y bechgyn iau a'r llall gan y bechgyn hŷn. Addaswyd 'Y Streic' i fod yn ddrama i fechgyn yn unig ond yn 'Y Practis' chwaraeai rhai o'r bechgyn rannau'r merched. Dyna oedd y drefn ym mhob drama yn y Coleg tan ddyfodiad y merched ym 1968.

Gyda pheth newid yn y cast, enillodd cwmni'r Coleg ar chwarae 'Y Streic' yn Eisteddfod yr Urdd, Aberdâr ym Mehefin 1961. Yn yr Eisteddfod yma cafodd Carwyn gyfle i wneud ychydig o waith gohebydd gan y B.B.C. fel nad oedd ar gael ar bob achlysur pan oedd ei angen, ffenomen a ddaeth yn fwyfwy i'r amlwg o flwyddyn i flwyddyn. Tybed ai hwn oedd y tro cyntaf i'r B.B.C. alw arno?

Yn rhyfedd iawn, gweithgarwch tymor yr haf oedd y dramâu byrion ac ym 1963 cyflwynwyd tair drama Gymraeg yn y Gymnasium (lleoliad pob cynhyrchiad drama, y sinema nos Sadwrn, yr arholiadau allanol ond byth, byth, gymnasteg), 'Yr Indied Cochion' (cyfaddasiad o *Gwilym* a *Benni Bach*), 'Y Ddraenen Fach' (Gwenlyn Parry), gydag Almaenwr o ran gwaed a'i ymddangosiad, Reinhard Englert, yn chwarae rhan yr Almaenwr, a 'Cythraul y Canu', sgript radio gan Islwyn Williams yn cael ei chyflwyno gan yr athrawon. Pa un ai Carwyn neu Lindsay (Evans) gafodd y syniad yma nid wy'n cofio ond cafodd y plant hwyl ar ein gwrando gan mai cyflwyno'r gwaith fel sgript radio a wnaed—heb fod angen dysgu llinellau. Roedd dau o'r cast yn hanu o gylch Cwm Tawe ac yn deall yr acen i'r dim, sef Lindsay a Hywel Gwyn Evans, y naill o Glydach a'r llall o Gwm Llynfell. Roedd Carwyn ei hun ac Eifion yn ddeheuwyr, ac roedd Sheila Evans, gwraig y caplan, yn enwog fel actores radio—Sheila Huw Jones—ac yn gallu mynd i mewn i ysbryd y darn yn iawn. Mae'n rhaid mai fi oedd y 'gog' mwyaf anobeithiol fu'n ceisio chwarae rhan un o gymeriadau Cwm Tawe erioed.

Yn ystod gaeaf 1964-65 penderfynodd Carwyn y dylai'r 'Ddraenen Fach' gystadlu yn Eisteddfod yr Urdd yn yr oed 14-25. Roedd rhaid cael rhai newidiadau yn y cwmni a dyna ddechrau ymarfer rhyw dair wythnos cyn y rhagbrawf! (Sprint i faswr bob amser!) Ymhen pythefnos penderfynodd ei fod wedi camgastio Green, y cymeriad cas, caled. Beth oedd i'w wneud? Penderfynodd bod rhaid i Green fod yn wahanol i'r milwyr eraill, yn hŷn, a chydag acen wahanol, yn un a allai ddysgu'r darn mewn wythnos, a than 30 oed. (Caniateid un aelod o'r cwmni i fod rhwng 25 a 30). Felly y bu imi gael fy nhaflu i mewn i'r darn, ac yna ymarfer dair neu bedair gwaith bob dydd er mwyn bod yn barod at y rhagbrawf. Gan mai mewn Ysgol Breswyl yr oeddem, roedd ymarfer droeon y dydd am ryw hanner awr yn ddigon hawdd ac roedd yn bosib symud ymlaen gyda chamau breision. Mae'n rhaid i'r cwmni ddangos cryn addewid yn y rhagbrawf gan inni gael ymddangos yn y Brifwyl yng Nghaerdydd. Ond cyfartal ail oeddem yno gydag ysgol ifanc o'r Gogledd—Ysgol y Berwyn. Brynaman a orfu.

Roedd cydweithrediad Carwyn ac Eifion yn ddihareb yn Eisteddfodau'r Urdd yn Sir Gaerfyrddin. Roedd y partïon cydadrodd a'r parti deulais yn gystadleuwyr peryglus bob blwyddyn. Roedd Eifion wedi cymryd at hyfforddi côr y capel yn dilyn salwch Tommy Jones, y côr-feistr hynaws a'r athro piano ac organ a drigai yn y Coleg. Roedd bechgyn ifancaf y Coleg yn canu trebl ac ambell un yn canu alto. Roedd bechgyn hŷn yn canu tenor a bas ac yn cael help gan rai athrawon. Fel ym mhob côr roedd tenoriaid yn brin ond o blith yr athrawon roedd y Parch. Neville Hughes yn lleisiwr gwych ac wrth gwrs roedd Carwyn yn ganwr ac yn ddarllenwr cerddoriaeth ardderchog. Yn ddiweddarach hefyd dychwelodd Dai Gealy i'r Coleg i wneud triawd o denoriaid di-ail. Felly ar nos Iau am bump byddai Carwyn yn ymarfer gyda'r côr, ac yn canu gyda'r côr mewn gwasanaethau ar y Sul pan nad oedd adref yng Nghefneithin. Roedd Eifion yn ei dro yn ad-dalu'r gymwynas trwy helpu yn y gwaith o baratoi partïon cydadrodd a'r dramâu a mynych y 'ffag' a smociwyd gan y ddau wrth iddynt loywi y partïon fel y dynesai'r Eisteddfodau. Roedd parti o'r Coleg wedi ennill ar adrodd 'Y Dyrfa' yn yr Eisteddfod Genedlaethol yn Llambed, 1959—darn addas iawn i fechgyn a'u hathro a ymhyfrydai gymaint yn y bêl hirgron. Yn Eisteddfod Genedlaethol yr Urdd yn Rhuthun 1962 enillwyd ar gystadleuaeth newydd, cydadrodd i gyfeiliant telyn. Roedd Carwyn wedi darbwyllo Miss Jean Thomas, Telynores Tywi, i gyfeilio i'r parti ac fe deithiodd hi gyda'r bechgyn yr holl ffordd i Ruthun i wneud y gwaith. Hynodrwydd y daith yma oedd bod echel-ôl y bws-bach wedi torri ar y ffordd yn ôl rhwng Llangollen a'r Waun a bod y bechgyn ac Eifion a minnau wedi gorfod aros yn y Waun am oriau i fws arall deithio o Lanymddyfri i'n cyrchu. Nid oedd Carwyn gyda ni! Yr oedd bywyd yn dechrau prysuro ac roedd eisoes yn dechrau gwasgu cwart i bot peint. Felly roedd o ar alwad arall bwysicach ac yn dibynnu arnom ni i ofalu am y bechgyn ar y daith yn ôl. Ond nid oedd heb werthfawrogi ein cyfraniad; roedd wedi gofalu bod y ddau ohonom wedi cael aros mewn gwesty cyfforddus tua Dinbych yng nghanol criw o feirniaid ac eraill o'i gydnabod. Roedd ef bob amser yn mwynhau lle moethus a bwyd da, ac yn barod i dalu'n ddrud amdano. Roedd hefyd yn mwynhau cwmni arbenigwyr, waeth beth fo'u maes, a chafodd gwmni difyr yn Ninbych y noson honno. Ond ni allai oddef gwag siarad a bu rhaid iddo wynebu hynny lawer gwaith. Dechreuai sgwrsio yn ddigon siriol gydag ambell un ond fel yr âi'r sgwrs yn llai diddorol iddo byddai Carwyn yn dweud llai a llai ac yn edrych yn bell, yn edrych heibio i'r sgwrsiwr ac yn amlwg yn ei fyd ei hun. Diau ei fod wedi gorfod gwrando ar yr un hen dôn gron laweroedd o weithiau ac roedd ei feddwl byw yn amharod i gael ei gaethiwo gan y sgwrs ddiflas. Tystiolaeth rhai na chawsant ond ychydig o'i gwmni oedd ei fod yn greadur oeraidd, pell, anodd i'w adnabod. Tybed yn wir?

Roedd ennill yn yr Eisteddfod Sir a chael mynd i'r Brifwyl yn rhoi deuddydd draw o'r Coleg i ni yn ystod wythnos y Sulgwyn pan nad oedd gwyliau yn y Coleg. Ond nid dyna'r amcan o bell ffordd. Gwyddai Carwyn nad oedd lle gwell yng Nghymru i hysbysebu'r Coleg nag ar lwyfan Eisteddfod yr Urdd. Roedd creu delwedd atyniadol yn bwysig iawn gan fod dyfodol y Coleg yn dibynnu'n helaeth iawn ar sicrhau bod digon o rieni yn cael awydd i yrru eu plant yno. Aeth digon o ysgolion preswyl i'r wal dros y blynyddoedd oherwydd nad oeddynt yn gallu denu digon o ddisgyblion. Ac i Carwyn, ac eraill, nid oedd ysgol breswyl heb Gymry yn ddisgyblion yn werth dysgu ynddi. I sicrhau cystadlu yn yr Eisteddfod Sir heb sôn am ennill ynddi bu rhaid galw'r bechgyn yn ôl o'u gwyliau Pasg droeon i ymarfer am ddiwrnod neu ddau yn y Coleg cyn teithio i'r Eisteddfod Sir. Deuai yntau yn ei ôl i ofalu amdanynt a'u hyfforddi. Golygai hyn fod rhaid i forynion y Coleg osod gwlâu, a glanhau, a pharatoi bwyd, ond roeddynt oll yn falch o gael gwneud i'w blesio ef, ac fe wynebai'r Coleg y draul ychwanegol.

Bu'r ymdrechion yn llwyddiannus o safbwynt denu Cymry i'r Coleg. Nid oedd Ysgol Rhydfelen wedi ennill ei phlwyf a llwyddo bryd hynny ac felly deuai bechgyn o deul-uoedd Cymraeg Caerdydd a'r cylch i'r Coleg, deuai criw arall o Lundain, deuai nifer fawr fawr o Sir Gaerfyrddin a Sir Aberteifi ac, yn wir, rhai o bob sir yng Nghymru i brofi o addysg breswyl yn yr unig ysgol breswyl trwy'r wlad lle roedd gobaith i blentyn gadw ei Gymreictod a chael ym-gyfoethogi yn niwylliant ei genedl. Roedd apêl y berson-oliaeth arbennig a feddai Carwyn, ynghyd â'r holl waith yr oedd yn ei wneud gyda'r bechgyn yn allweddol i lwyddiant y Coleg yn ystod ei gyfnod yno ac yn arbennig i Gymreictod y lle.

Un a benodwyd tua'r un adeg â Charwyn oedd caplan y Coleg, y Parchedig Wyndham Evans ac roedd y ddau yn cydweithio llawer ac yn cael llawer o gwmni ei gilydd cyn i'r Caplan briodi. Roedd Carwyn wrth gwrs yn Annibynnwr selog, a'r Caplan, os rhywbeth, yn uchel eglwysig, felly gellir dychmygu bod dadlau iach rhyngddynt o dro i dro. Cyfaddefai Carwyn yn aml fod gwasanaeth eglwys yn apelio'n fawr ato ac roedd digon o gyfle i brofi hynny yng nghapel y Coleg. Mae traddodiad eglwysig cryf yn y Coleg—rhan o'r rheswm dros ei sylfaenu ym 1848 oedd darparu bechgyn o Gymry i gymryd urddau eglwysig ar adeg pan oedd prinder mawr o glerigwyr Cymraeg yn esgobaeth Tyddewi. Daw yr Esgob o Dyddewi heibio'n gyson i bregethu, i weinyddu'r Conffirmasiwn, ac i eistedd ar y Bwrdd Llywodraethol. Aeth nifer o gyn-wardeniaid y Coleg yn eu blaen i esgobaethau yng Nghymru a mwy nag un i fod yn Archesgob. Roedd y Caplan yn ymwybodol o'r traddod-iad yma ac nid oedd yn syndod yn y byd i ni ar y pryd bod y cymun yn cael ei wasanaethu dair gwaith yr wythnos am gwarter wedi saith y bore i athrawon a disgyblion; ar nos Sadwrn tua naw o'r gloch roedd gwasanaeth y Cwmplin, ac ar wyliau eglwysig megis dydd Mercher Lludw, a dydd Iau Dyrchafael roedd gwersi yn cael eu gohirio i roi sylw teilwng yn y gwasanaeth boreol. Ar y Sul, roedd cymun cynnar, Boreol Weddi a Hwyrol Weddi ac ar brydiau roedd cymun corawl yn y gwasanaeth deg o'r gloch. Ar wahân i'r cymun cynnar, canai côr yn y gwasanaethau i gyd ac fe wisgent yn eu lifrai o goch a gwyn. Ymunai Carwyn gan wisgo yr un lifrai pan nad oedd yn y Tabernacl, Cefneithin, unwaith o leiaf bob Sul. Gwisgai'r côr ym mhrif adeilad y Coleg cyn ymlwybro yn araf a gweddus, bob yn ddau tua drws gorllewinol y capel gyda'r prif gantor yn eu harwain gan gludo'r groes yn ddefosiynol. Nid oedd yr un aelod o'r côr yn fwy angylaidd ei wedd na Carwyn.

Yn yr Hwyrol Weddi ar nos Sul arferai'r Cymry o blith y staff ddarllen yr ail lith a rhaid oedd gwisgo ar gyfer yr amgylchiad mewn gŵn athro a'r cwfl lliwgar dros yr ysgwyddau. Rhaid oedd cofio rhoi dyledus barch i gyfeiriad yr allor cyn symud at y ddesg ddarllen, terfynu'r darllen gyda 'yma y mae terfyn yr ail lith' cyn eto foesymgrymu i'r allor a dychwelyd i eistedd. Roedd graen arbennig ar ganu'r côr, yr organ yn cyfeilio i bopeth yn wych, a holl awyrgylch y gwasanaeth yn agoriad llygad i unrhyw anghydffurfiwr. Roedd cynildeb y geiriau, ac iaith goeth y gweddïau o'r Llyfr Gweddi Gyffredin mor wahanol i draddodiad y capel nes gorfodi dyn i adael i ysbryd y gwasanaeth ei feddiannau er gwaethaf pob traddodiad a magwraeth. Pan ddeuai'n dro Carwyn i ddarllen y llith gwnâi hynny gydag arddeliad a deuai'r Testament Newydd yn fyw rhwng y waliau moel. Nid yw'n syn gennyf fod Carwyn yn gwerthfawrogi'r gwasanaethau yma; roedd yn gallu ymateb i'r iaith goeth, roedd yn ddigon o gerddor i werthfawrogi'r cyfraniad a ddeuai o du'r organ a'r côr, ac yn ddigon sensitif i'r gwasanaeth drwyddo draw fel ag i ymgolli ynddo. Nid oedd, serch hynny, yn canmol llawer ar y pregethau pan ddigwyddai glywed un yn y capel ar fore Sul.

Ar fore Sul fe âi yr Anghydffurfwyr o blith y bechgyn i gapeli'r dref, y Tabernacl, Salem, neu Ebeneser. Rhoddai'r arferiad yma lawer o bleser i'r bechgyn ac i aelodau'r capeli a seliwyd llawer cyfeillgarwch dros y blynyddoedd ar sail hyn. Ond pan ddigwyddai i ryw haint ymosod ar y Coleg, y ffliw, brech yr ieir, y frech goch neu ryw frech arall, fe dorrid pob cysylltiad â'r dref rhag i'r haint ledu. Ni châi'r bechgyn bryd hynny eu tro boreol ar y Sul i'r capeli. Deuent at ei gilydd yn Neuadd y Coleg i gael gwasanaeth dan arweiniad yr athrawon. Ni wahoddid pregethwr, ac yno y bu Carwyn yn pregethu droeon. Gyda'i ddawn dweud arbennig, profodd yn hynod effeithiol ac ni fyddai yn ein cadw'n hir.

Roedd y Caplan, fel Carwyn, yn gryf dros undod eglwysig ond dros i'r enwadau ddod yn ôl at yr Eglwys yng Nghymru ac nid ar unrhyw delerau eraill. Nid oedd anghydffurfwyr yn cael cymuno yn y capel ac roedd hyn i Carwyn yn gam mawr gan ei fod yn gweld y Coleg a phawb oedd ynddo fel un gymdeithas. Dadleuai lawer dros hyn ond ni lwyddodd i fynd â'r maen yma i'r wal.

Mewn ysgol breswyl mae cadw'r bechgyn yn brysur yn yr oriau di-wersi yn holl bwysig. Pan fyddai amser yn pwyso'n drwm ar blentyn, a dim digon i'w wneud ganddo, deuai hiraeth a digalondid heibio nes peri i ambell un fethu â dal rhag mentro ei lwc ar y trên neu ei ffawd-heglu hi am adref. Byddai Carwyn bryd hynny fel athro tŷ yn llawn pryder, yn gyrru ar hyd yr heolydd cyfagos, ac weithiau ar ôl cael ffôn o'r stesion, yn cyfarfod y trên yn Llandeilo i hebrwng y truan yn ei ôl. Y dull mwyaf effeithiol o gadw'r plant yn ddiddan oedd llenwi eu hamser gyda chwaraeon, ac yng nghyfnod Carwyn, chwaraeon tîm oedd y chwaraeon hynny, yn hytrach na diddordebau mwy unigol eu naws. Roedd rygbi a chriced yn y Coleg yn weithgareddau i bawb, ac roedd pum tîm yn cael eu dewis i gynrychioli'r Coleg. Ar y maes rygbi felly roedd un o bob tri bachgen yn cael cyfle i fod yn y tîm, ac roedd dau o bob tri yn y 'sgwadiau'. Pa fachgen na fyddai wrth ei fodd yn cael chwarae bob pnawn, gaeaf a haf! Ond roedd y trefniant yn gofyn llawer gan yr athrawon oedd yn barod i gymryd y bechgyn a hyfforddi'r timau.

Pan ddaeth Carwyn i Lanymddyfri, T. P. Williams oedd yn gofalu am y tîm rygbi hynaf. Roedd Carwyn yn dal i chwarae i Lanelli, a chafodd gyfnod wedyn yn arwain Cefneithin cyn rhoi'r gorau iddi a rhoi mwy o amser i hyfforddi ar glos Tredegar, yr un cae rygbi sydd o fewn ffiniau'r Coleg. Cydweithiai efo TP ac roedd yn fawr ei edmygedd o grefft yr athro hwnnw fel hyfforddwr. Dyn byr, cwta ei eiriau, a chadarn ei farn oedd TP. Credai yn gryf fod rhaid i'r bechgyn feistroli'r sgiliau sylfaenol i allu chwarae rygbi da, y sgiliau unigol o gicio, derbyn a rhoddi pas, a thaclo, a hefyd y sgiliau arbennig wrth chwarae yn un o dîm. Roedd ei weld wrth ei waith yn brofiad! Roedd si ar led ei fod yn colli ei olwg a chan nad oedd mor ifanc i redeg o gwmpas y maes tybiai ambell lanc y gallai slacio dipyn pan oedd y bêl yn bell oddi wrth TP. Buan iawn y profwyd nad oedd dim byd mawr yn bod ar ei lygad na'i lais. Roedd ei ymroddiad i'r gêm ac i'r bechgyn dan ei ofal yn ddihareb, ond nid oedd byth yn maldodi neb o'r chwaraewyr. Roedd rhaid i bawb weithio'n galed bob pnawn wedi cyrraedd i'r safon uchaf yma. Roedd ei dactegau yn weddol syml, sicrhau'r sgiliau unigol, ceisio ennill y bêl yn lân o bob sgrym neu lein ac yna ei symud yn chwim o law i law er mwyn i'r asgellwr gael digon o le i guro ei ddyn a sgorio yn y gornel. Mae Carwyn wedi canmol llawer ar TP a'i ddulliau ac yn cydnabod iddo ddysgu llawer ganddo. Roedd y ddau yn ffrindiau mawr a deuai llawer o hiwmor i'r golwg rhyngddynt wrth i'r ddau gyd-fyw yn y Coleg. Y Coleg oedd bywyd TP ac fe gafodd yn Carwyn ŵr o gyffelyb anian. Ar gyfer tymor 1964-65 rhoddodd TP yr awenau i Carwyn ond daliodd ati i droi allan bob pnawn i'w helpu.

Cam cyntaf Carwyn oedd galw sgwad o fechgyn yn ôl i'r Coleg ddeuddydd cyn dechrau'r tymor ym mis Medi; y bwriad oedd i'r bechgyn adennill ffitrwydd ac astudio'r rheolau newydd. Cyn hyn roedd holl weithgarwch rygbi'r tymor cyntaf yn baratoad at ddwy gêm arbennig, yr unig ddwy gêm a chwaraeid yn erbyn ysgolion, sef Ysgol Trefynwy a Choleg Crist, Aberhonddu, yn niwedd Tachwedd. Roedd y gêmau eraill yn erbyn timau megis XV D. J. Morris, Clwb Bechgyn Aber-craf, XV Capten Crawshay, XV Rees Stephens, Uplands Abertawe, Crwydriaid Llanelli, Coleg Llambed, Athletic Castell Nedd, a XV Graham Jones, timau o oedolion, trwm, gan mwyaf, nifer ohonynt yn gynddisgyblion, gydag ambell chwaraewr ifanc dawnus, ar ei ffordd i wneud enw iddo'i hun. Roedd Rees Stephens, y disgleiriaf, ond odid, o gyn-ddisgyblion TP ar y meysydd rygbi, yn ymddangos mewn mwy nag un tîm ac yn boblogaidd iawn fel cyn-chwaraewr rhyngwladol. Er yn chwarae yn erbyn y Coleg roedd ei gyngor yn y sgrymiau rhydd yn aml wedi eu cyfeirio at fechgyn y Coleg. Felly y byddai timau yn cryfhau ac yn dysgu mwy am y gêm cyn wynebu'r ddau elyn traddodiadol. Roedd yr awyrgylch yn y Coleg cyn y gêm yn erbyn Coleg Crist yn anhygoel. Nid oedd dim arall ar feddwl neb, o'r plentyn ifancaf i'r hynaf, ac roedd cael gwaith o groen y plant yn mynd yn anoddach o ddydd i ddydd wrth i'r Sadwrn nesáu. Gwelais lanc deunaw oed yn wylo'n hidl am nad oedd anaf i'w ben-glin wedi gwella digon iddo gael cymryd ei le yn y tîm. Nid oedd y gorbwyslais yma yn beth iach o bell ffordd ac fe benderfynodd Carwyn yn fuan bod angen ychwanegu ysgolion eraill at y rhestr gêmau er mwyn tynnu llawer o'r sylw a'r pwyslais oddi ar y ddwy gêm ysgol. Ar y 7fed Hydref 1964 chwaraewyd Ysgol Cadeirlan, Henffordd, y gêm gyntaf yn erbyn ysgolion newydd, ac yn yr un tymor chwaraewyd Coleg Iwerydd, Rydal, Whitgift, St John's Leatherhead, Merchant Taylors', Crosby, Belmont Abbey ger Henffordd a Dean Close, Cheltenham yn ogystal â Threfynwy a Choleg Crist, ynghyd â phedwar tîm o blith y rhai arferol a ddeuai i'r Coleg yn y blynyddoedd cynt. Cododd y diddordeb ymhlith y bechgyn hynaf a thrwy'r ysgol wrth i'r ysgolion eraill ymweld â'r Coleg, ac wrth i rygbi am y tro cyntaf ddod yn gêm dau dymor.

Roedd Carwyn yn awyddus i bob tîm yn y Coleg chwarae'r gêm mewn dull tebyg i'w gilydd a bu'n esbonio'n ddyfal i'r athrawon a hyfforddai'r timau iau beth oedd ei syniadau. Gwahoddwyd ni i'r sesiwn hyfforddi cyn dechrau'r tymor a bu raid inni weithio'n galed ar y sgiliau elfennol er mwyn bod yn fwy effeithiol gyda'r plant iau dan ein gofal. Roedd Gwynne Walters wedi dod yno i sôn am y rheolau newydd a Ray Williams, a oedd yn ifanc yn ei swydd fel cynghorwr ar hyfforddiant ar y pryd, i bwysleisio y gwersi angenrheidiol. Ar 'groesi'r llinell fantais' ar ôl sgrym neu lein yr oedd y pwyslais bryd hynny, neu dyna'r atgof cliriaf beth bynnag; hynny a'r cof am gyhyrau blin ar ôl yr ymarfer anarferol. Roedd dull Carwyn a'i ddifrifoldeb ynglŷn â'i swydd newydd fel hyfforddwr y tîm cyntaf yn ernes fod cyfnod newydd ar fin cychwyn yn hanes rygbi yn y Coleg, ac i goroni'r gweithgarwch, ar ddechrau'r tymor, fe gawsom ymweliad cyn diwedd Medi gan dîm rygbi Fiji a oedd ar daith drwy Brydain. Buont yn ymarfer ar y cae gyda'r bechgyn ac yna cafwyd Noson Lawen yn Neuadd y Coleg; gwelsom ddawns draddodiadol ganddynt a dawnsiodd bechgyn y Coleg y 'Cadi Ha' iddynt hwythau.

Adeiladodd Carwyn ar syniadau TP gan bwysleisio dro ar ôl tro bod angen meistroli'r sgiliau sylfaenol er mwyn symud y bêl i'r asgellwr mor fuan ag oedd modd. Ond, yna, roedd yn newid y pwyslais; tuedd yr asgellwr lawer tro oedd methu mynd heibio'i ddyn, cael ei daclo, dros yr ystlys weithiau, a cholli meddiant o'r bêl; roedd Carwyn am gadw'r meddiant, a'r fantais a ddeilliai o hynny. Roedd yr asgellwr, pan welai nad oedd modd mynd ymhellach i edrych am ei ganolwr, neu'r mewnwr os oedd hwnnw wedi gallu dal i fyny gyda'r bêl, rhoi'r bêl iddo, a hwnnw, yn ei dro, yn ceisio symud y bêl i'r cyfeiriad arall. Roedd hyn yn gofyn i fechgyn y llinell dri chwarter ailosod eu hunain ar gyfer ymosodiad arall cyn i'r ymosodiad gwreiddiol ddod i ben. Roedd hefyd yn gofyn i'r blaenwyr fod yn llawer mwy heini o gwmpas y cae na chynt i helpu mewn unrhyw fan lle roedd perygl o golli meddiant, i fod yn barod i basio fel mewnwr, neu i redeg fel canolwr ac i synhwyro bob amser lle roedd yr ochr agored a symud y bêl i'r cyfeiriad hwnnw. Mae hyn yn swnio'n hynod hen ffasiwn erbyn hyn ond yn 1964 roedd y newid a welwyd yn y math o rygbi a chwaraeid yn yr ysgol yn syfrdanol.

Ym mhob tîm roedd gan Carwyn ei chwaraewyr allweddol a byddai'n gweithio arnynt ac yn siarad llawer iawn efo hwy. Bu'n ffodus hefyd i gael timau talentog, ond ym mhob tîm byddai ambell fachgen digon prin ei dalent ar ddechrau'r tymor yn blodeuo fel chwaraewr yn y patrwm newydd. Erbyn 1965, er nad oedd record yr ysgol yn wych iawn roedd y tîm yn gwella. Collwyd yn drwm i dîm Capten Crawshay; roedd eu maswr y dydd hwnnw yn 'fast elusive and a sure handler' meddai'r *Journal* a'i enw P. Bennett! Aethpwyd ar daith hanner tymor i chwarae Merchant Taylors', Crosby (ger Lerpwl) ac yna hedfan ymlaen i Ynys Manaw i chwarae Ysgol King William yno. Roedd y tywydd yn arswydus o wyntog a Charwyn a phawb arall wedi cael llond bol o ofn yn yr awyren fechan a'u cludodd i'r ynys. Arferai Hywel Gwyn Evans, yr athro Daearyddiaeth a dyfarnwr swyddogol gydag Undeb Rygbi Cymru, adrodd yr hanes am y daith fel saga fawr gan gofnodi bod y gêm ar Ynys Manaw wedi'i chwarae, drwyddi, o fewn ugain llath i un ochr o'r cae gan gryfed y gwynt. Rhyw gydnabyddiaeth fechan i Hywel am ei holl waith yn dyfarnu a hyfforddi yn y Coleg oedd y trip yma ac os cewch gyfle erioed arno mae'r hanes yn glir yn ei gof ac yn eithaf dadlennol!

Y flwyddyn ganlynol roedd Carwyn wedi trefnu taith hanner tymor i Iwerddon, a buan iawn y cytunais â'i awgrym y dylwn i fynd yn gwmni iddo. Deëllais ein bod yn mynd i aros yn un o'r ysgolion gan fod bechgyn yr ysgol honno hefyd ar wyliau hanner tymor. Cafwyd siwrnai hwylus o'r Rhŵs a chyrraedd yr ysgol. Roedd Carwyn yn cael croeso tywysogaidd ym mhob man ac yn amlwg yn uchel ei barch; roedd wedi treulio cyfnodau hir yn hyfforddi sgwadiau o chwaraewyr gorau Iwerddon ac yn gyfeillgar efo arweinwyr y byd rygbi yno. (Nid wyf yn siwr nad oedd yn cefnogi Iwerddon yn erbyn Cymru mewn gêmau cyd-wladol bryd hynny.) Wedi cyrraedd yr ysgol aeth i edrych am ffôn, a bu'n siarad ag amryw o'i gydnabod. Roedd rhyw seithfed synnwyr yn fy rhybuddio mai planio l0ety iddo'i hun ydoedd gan nad oedd y 'dormitory' ysgol yn cydweddu â'i syniad ef o le i aros. Daeth yn ôl i gyhoeddi fod y bechgyn bellach yn fy ngofal i a'i fod ef yn ei gwneud hi am gartref un o'i gyfeillion. Mae'n rhaid fod fy ngwep wedi syrthio oher-wydd mewn dim o dro roedd yn fy argyhoeddi nad oedd disgwyl i mi wneud dim mwy na chysgu yn yr ysgol efo'r bechgyn a'u bod hwy yn ddigon hen i edrych ar eu holau eu hunain! Treuliasom y min nos yn hapus iawn yng nghwmni Ronnie Dawson, y bachwr cydwladol a chapten y Llewod ar daith i Seland Newydd ym 1959.

Enillwyd y ddwy gêm ar y daith honno a chafwyd amser difyr iawn yn Iwerddon yn gwrando ar y 'Dubliners', grŵp gwerin da iawn, ac yn bwyta hwyaden wyllt am un o'r gloch y bore yr ail noson. Ar y siwrnai yn ôl buom yn eith-riadol o ffodus o weld enfys allan o ffenestri'r awyren—enfys hollol gron, y bwa wedi tyfu i fod yn gylch cyfan—peth anarferol iawn. Tynnais sylw Carwyn at y ffaith ond ni allai feddwl edrych allan o'r ffenestr. Er ei fod yn hedfan yn aml roedd yn ofnus iawn ac yn deisyfu cael ei draed ar dir ar hyd y ffordd.

100

Yr athro Cymraeg yng Ngholeg Llanymddyfri

Parti drama Coleg Llanymddyfri yn Eisteddfod Genedlaethol yr Urdd

On Her Majesty's Service—yn y Llynges. Bu'n rhaid iddo aros deunaw mlynedd cyn cael cynnig yr O.B.E.!

Tîm Saith-bob-ochr y Cymry yn Llundain ar ôl iddynt gipio y cwpan Cystadleuaeth Saith-bob-ochr Middlesex

Roedd y tymor rygbi yn datblygu'n llwyddiannus iawn yn 1966-67 a'r patrwm chwarae newydd yn dod yn fwy credadwy gyda phob gêm. Roedd y ddau asgellwr, D. W. G. Jones a Clive Jones, yn sgorio cais ar ôl cais, yn aml ar ôl i gyfeiriad y chwarae newid dair neu bedair gwaith ac amddiffynfa'r tîm arall yn methu croesi'r cae yn ddigon buan erbyn y trydydd neu'r pedwerydd tro. Ond efallai mai chwaraewr mwyaf allweddol y tîm oedd y maswr Ian Lewis. Ymunodd Ian â'r Coleg o ddosbarth 6 un o ysgolion y Rhondda. Credaf i Carwyn ddod ar ei draws gyntaf ar gwrs hyfforddi rygbi ryw haf. Byddai'n hyfforddi ar y cyrsiau yma ac yn gweld bechgyn talentog. Mae'n debyg ei fod yn eu holi am eu haddysg ac os teimlai fod y peth yn briodol soniai am rinweddau ysgol breswyl a bod cyfle i ymuno â'r chweched dosbarth yn Llanymddyfri. Llwyddodd i ddenu rhyw un chwaraewr da bob blwyddyn i'r chweched dosbarth, ond buan yr aeth y si ar led, tua Threfynwy ac Aberhonddu, fod Coleg Llanymddyfri yn troi'n fagwrfa chwaraewyr rygbi proffesiynol, gan ddweud nid yn unig fod Carwyn yn denu chwaraewyr ifanc gorau'r wlad i'r Coleg ond yn sicrhau eu bod yn cael ysgoloriaeth i helpu i dalu'r ffioedd! Aeth Ian ymlaen i ennill capiau dros Ysgolion Uwchradd Cymru a gwireddu rhan o'r cyhuddiad, beth bynnag am y rhan arall. Os bu Carwyn yn bysgotwr effeithiol, a'i abwyd yn denu'r goreuon fel hyn, nid oedd heb ei stori am yr un mawr a lithrodd oddi ar y bachyn hefyd. Bachgen newydd orffen ei addysg yn 16 oed yn Llanelli oedd hwnnw, ond bu'n ddigon clyfar i beidio cael ei fachu. Phil Bennett!

Daeth tymor 1967-68 â'r tîm i'w lawn dwf yn nhymor y Nadolig ac enillwyd gêm ar ôl gêm yn erbyn ysgolion a thimau eraill; 30-9 yn erbyn XV Graham Jones, 52-0 yn erbyn Ysgol Lucton, 26-5 yn erbyn Athletic Castell Nedd, 41-3 yn erbyn Dean Close, Cheltenham, 46-0 yn erbyn Ysgol Cadeirlan Henffordd, 22-6 yn erbyn Rydal, 25-3 yn erbyn Ysgol Ramadeg Truro, 31-3 yn erbyn Coleg St. Boniface, Plymouth, 35-12 yn erbyn Ysgol Uwchradd Caerdydd, a 43-3 yn erbyn Trefynwy. Collwyd i dîm Crawshay (yn eu plith Derek Quinnell, Clive Rowlands, a Roy Mathias) i Millfield ac i Belmont Abbey a chollwyd cyfle i

103

roi'r sgwrfa fawr, haeddiannol i Goleg Crist oherwydd clwy'r traed a'r genau! Y tîm, fel arfer, oedd Raymond Jones (Pontyberem), Raymond Davies (Llanwrda), D. W. Gareth Jones (Hendy-gwyn), Clive Jones (Llandysul), Carey (Fred) Jones (Pont-y-clun—mab Cliff Jones), Dai Thomas (Garnant), Wil Lloyd (Llundain), Llew ap Gwent (Abertawe), Bill Bowring (Peterborough), Ifor G. Lewis (Llanelwy), Alun John (Pont-y-pridd), Nigel Waskett (Casnewydd), Chris Biggs (Y Fenni), Derek Cleaver (Pen-y-bont —mab Billy Cleaver) a Steven Lewis (Llanymddyfri).

Heb os dyma'r pen llanw i Carwyn a'i flwyddyn olaf fel hyfforddwr rygbi yn Llanymddyfri. Erbyn y tymor canlynol roedd Goronwy Morgan wedi ymuno â'r staff fel athro Ymarfer Corff o ysgol enwog Bablake, ac roedd si gref fod Carwyn yn symud i Goleg y Drindod. Âi yno i ddarlithio yn aml ym 1968-69 ac erbyn haf 1969 torrwyd y cysylltiad â Choleg Llanymddyfri yn llwyr.

Byddai'n hollol anheg i feddwl am Carwyn fel chwaraewr rygbi yn unig. Yn 1964-65 pan gymerodd at y tîm rygbi cyntaf, fe roddodd Chris Bell, athro Hanes ac ail athro y Coleg, y gorau i hyfforddi'r tîm criced cyntaf. Nid oedd neb ond Carwyn â'r ddawn fel cricedwr o safon uchel, ac felly bu'n rhaid iddo gymryd at hyfforddi'r tîm hwnnw hefyd am rai blynyddoedd. Roedd criced, fel rygbi, yn cael ei chwarae o ddifri, a'r rhieni yn gorfod ymorol am ddau bâr o 'flannels' gwynion, crysau criced, 'sweaters' criced a hyd yn oed esgidiau criced ar gyfer tymor yr haf. Roedd y meysydd eang ar lan Tywi yn cael eu cadw'n dringar ofalus gan Elfed Williams, a byddai'n torri lleiniau da mewn rhyw bum man ar gyfer gêmau i wahanol dimau'r ysgol. Roedd y prif sgwâr yn gredyd i unrhyw glwb ac yn ennill canmoliaeth uchel gan chwaraewyr o safon a ddeuai yno o dro i dro. Roedd dwy set o rwydi yn cael eu gosod gyda lle i chwech o fechgyn ymarfer eu batio ac roedd safon y lleiniau yn y rhain hefyd yn dda iawn ac yn rhoi hyder i'r bechgyn i chwarae ymlaen a symud at y bêl heb unrhyw bryder y byddai'r bêl yn codi'n sydyn i gyfeiriad annisgwyl. Yn un o'r rhwydi byddai Carwyn gyda rhyw ddwsin o beli yn sefyll tua wyth llathen oddi wrth y bat yn taflu'r peli un ar ôl y llall i'r un man i adael i'r batiwr gael chwarae un strôc arbennig a'i

pherffeithio. Nid oedd syndod o gwbl fod safon y criced
bron mor uchel â safon y rygbi ac yn llawer uwch na safon
chwarae ysgolion gwladol y De ar y pryd.

Roedd Carwyn yn cael cymorth gyda'r hyfforddi gan
Chris Bell a hefyd gan Emrys Davies, hen chwaraewr Mor-
gannwg a dyfarnwr gêmau prawf. Deuai ef i fyny o'i gartref
yn Llanelli ac aros yn y Coleg am ran o bob wythnos.
Erbyn 1965 fodd bynnag, nid oedd yn dda ei iechyd er bod
yr ewyllys yn gref ynddo, ac roedd gofal Carwyn amdano
yn fawr. Fel un o Lanelli, fel arbenigwr yn ei faes, fel aelod
selog o'i gapel, ac fel gŵr gwylaidd a Chymro naturiol roedd
Carwyn yn gyfeillion mawr ag ef ac yn hynod o garedig
tuag ato. Dysgodd Carwyn lawer ganddo a bu'n bleser ei
gael yn ein cwmni. Wedi meddwl, roedd y ddau yn debyg
iawn i'w gilydd mewn llawer peth.

Roedd criced yn cymryd cymaint, os nad mwy, o amser
Carwyn ag a wnâi'r rygbi. Roedd yn draddodiad mai'r hyff-
orddwr oedd hefyd yn sefyll fel dyfarnwr ym mhob gêm a
chwaraeai'r ysgol ar wahân i'r gêm yn erbyn Aberhonddu.
Gwnaeth Carwyn hyn mewn pymtheg gêm rhwng canol
Mai a chanol Gorffennaf ym 1965, tua dwywaith bob wyth-
nos, gyda'r gêmau yn dechrau oddeutu 2 o'r gloch a gorffen
am 7, a gêmau arbennig yn dechrau am 11 y bore. Er bod y
rhan fwyaf o'r gêmau yn cael eu chwarae adref bu raid
teithio i Drefynwy ac Aberhonddu ar ben hynny gan
ychwanegu amser segur yn y bws at ddiwrnod digon hir.
Rhwng y gêmau roedd rhaid hyfforddi'n drylwyr yn y
rhwydi, ar y sgwâr ac o gwmpas y 'crud' maesu. Ac wrth
gwrs roedd ganddo ei waith llawn amser o ddysgu'r Gym-
raeg yn y Coleg bob dydd.

Cydweithiem, rhai o'i gyd-athrawon gyda'r timau iau ac
fel gyda'r rygbi roeddem yn falch iawn o gael gwneud
hynny gan ei fod bob amser yn gwerthfawrogi ein hym-
drechion. Dangosai ddiddordeb yn hanes a helynt ein
timau ac roedd yn diolch yn gynnes i ni am ein llafur ac yn
hael ei gymwynasau tuag atom ac at ein teuluoedd. Roedd
ei lach yn drwm ar athrawon oedd rywfodd yn gallu ym-
esgusodi o'r gwaith ac yn cael cymaint mwy o hamdden o'r
herwydd.

Meddai benderfyniad mawr ac nid oedd yn fodlon i weithgareddau eraill yn y Coleg darfu ar ei hyfforddiant ef. Roedd Gŵyl Ddewi yn ddiwrnod arbennig yn y Coleg, yn ŵyl y nawddsant ac yn ddiwrnod i gofio sefydlu'r Coleg yn 1848 gan Thomas Phillips. Yng nghyfnod y Warden G. O. Williams penderfynwyd ar drefn arbennig i'w dilyn ar Fawrth 1af, sef gwasanaeth arbennig yn y capel yn y bore a chinio arbennig yn y nos, ond rhwng y ddau begwn yma byddai pawb o'r bechgyn a'r athrawon yn treulio'r dydd yn cerdded mynyddoedd a chefn gwlad Sir Gaerfyrddin. Cofiaf fod Carwyn ac eraill ohonom wedi methu ymuno yn y daith ym 1961 gan fod côr y capel yn canu'r gwasanaeth yn Eglwys y Santes Fair, Abertawe y min nos hwnnw, ond llwyddwyd yn 1962 i'w lusgo yn erbyn ei ewyllys ac mewn esgidiau benthyg gan y CCF, i ben Fan Gyhirych, uwchben Crai. Wedi hynny bu'n pledio achos y sgwad rygbi yn gyson gan honni nad oedd cerdded mynyddoedd yn addas i ddatblygu'r cyhyrau arbennig a feddai'r rheiny! Aent ar ryw esgus o dro, a dychwelyd am fwy o rygbi yn y pnawn.

Tua'r un adeg ag y cymerodd at y prif dîm rygbi a chriced roedd galwadau mynych arno o lawer cyfeiriad arall. Bu'n olygydd Adran Ysgolion y cylchgrawn *Barn* a chwysai lawer dros unrhyw beth a ysgrifennai. Âi i gyfarfod i annerch, neu i seiat holi, yn dalog ac os oedd rhaid paratoi anerchiad gallai grynhoi'r cwbl ar gefn paced sigarennau, ond pan eisteddai i lawr i ysgrifennu cymerai amser mawr i ddod i ben â'r gwaith. Nid oedd mor hoff o ysgrifennu ond cyfaddefai mai ei ofid pennaf oedd cynhyrchu gwaith sâl gan fod y gair printiedig yn mynd i fod ar gof a chadw am byth. Byddai ef a'i bynciau yn dod o dan farn rhywun gyda digon o amser i fwrw llinyn mesur manwl arnynt. Hyn a barai iddo fynd i gymaint o drafferth.

Canai'r ffôn yn aml gyda gwahoddiad iddo fynd yma ac acw, cyfarfod capel, cyfarfod gwleidyddol, cinio rygbi, gêm o griced, cyhoeddiad gyda'r BBC neu'r cwmni annibynnol. Nid oedd yn un gwych am gadw dyddiadur a bu mewn twll droeon heb wybod sut i fod mewn dau le ar yr un pryd yr un noson. Cafodd y gwaith yma effaith ar ei waith yn y Coleg er na allsai'r Coleg na neb arall warafun iddo gael ychydig oriau bob wythnos i'w bwrpas ei hun. Ond gwelodd y Gymdeithas Gymraeg a'r Eisteddfod ei eisiau fwyfwy ar ôl 1964.

Ei gryfder a'i wendid oedd ei fethiant i wrthod cais am help. Ni allai ddweud 'na' i gais iddo fynd i helpu allan mewn eisteddfod leol, clwb rygbi, capel, na'r mudiadau eraill yr oedd ganddo gymaint o feddwl ohonynt. Er nad oedd wedi ennill yr enwogrwydd mawr a ddaeth yn sgîl y daith i Seland Newydd ym 1971 roedd yn prysur fynd yn rhy brysur cyn diwedd ei gyfnod yn y Coleg.

Yr oedd Coleg y Drindod wedi bod yn pwyso arno cyn 1969 i ymuno â'r staff yno ond nid oedd am fynd. Erbyn 1969, fodd bynnag roedd nifer o ffactorau wedi newid. Roedd Warden newydd, R. Gerallt Jones, wedi ei benodi i'r Coleg, gŵr y byddai Cymreictod y Coleg, a'r tîm criced cyntaf, yn ddiogel yn ei ddwylo. Apwyntiwyd Goronwy Morgan i ofalu am Ymarfer Corff, hyfforddwr tîm rygbi ysgol enwog Bablake, un o gefndir tebyg iawn i Carwyn ond o Gwm Dulais, felly ni byddai unrhyw bryder am hyfforddwr rygbi addas chwaith. Roedd hi'n haws i Carwyn wneud y toriad ar yr adeg yma nag ar unrhyw adeg a maddeued awdurdodau Coleg y Drindod imi am awgrymu mai cyfleustra a barodd iddo symud yno. Nid wyf yn credu iddo erioed feddwl gwneud gyrfa iddo'i hun yn hyfforddi athrawon.

Arferem drafod gyda'n gilydd, rhai o'i gyfeillion, beth allai wneud ped elai o Lanymddyfri. Credem fod ganddo ddoniau arbennig i arwain ysgol a gwelem ef fel Prifathro Ysgol Gymraeg (erbyn hyn gwn y byddai hynny wedi ei lethu yn fuan iawn). Nid oeddem erioed wedi meddwl y byddai'n codi i fod yn hyfforddwr y Llewod ym 1971, mewn cyn lleied o amser ar ôl gadael Llanymddyfri, ond mae'n rhaid fod pethau felly yn ei feddwl. I sicrhau hynny roedd yn rhaid cael swydd efo gwyliau hir ond gyda mwy o ryddid o lawer nag a feddai yn Llanymddyfri na chwaith mewn unrhyw ysgol arall. Roedd cael byw ymhlith pobl ac nid ymhlith plant yn bwysig hefyd a gwn iddo fod yn falch iawn o allu symud yn ôl i Gefneithin. Methodd fodd bynnag â gwneud toriad sydyn a bu'n teithio yn ôl a blaen rhwng y ddau Goleg, yn darlithio a dysgu am fisoedd. Wedi i Huw Llywelyn Davies gael ei benodi yn athro Cymraeg yn y Coleg yn Llanymddyfri, gŵr eto o anian tebyg iawn i Carwyn, daeth cyfnod Carwyn yn Llanymddyfri i ben.

Heb os roedd y Coleg ar ei golled hebddo a go brin y cafwyd deuddeng mlynedd mor drwyadl weithgar gan unrhyw athro arall erioed. Yng nghanol y saithdegau, ar ymadawiad y Warden R. Gerallt Jones, gofynnwyd i Carwyn a oedd am i'w enw gael ei ystyried ymhlith ymgeiswyr am swydd y Warden newydd ond ni fynnai hynny. Rhoddodd ei gyfraniad i'r 'Sefydliad Addysgol Gymreig' yn ei gyfnod cynnar rhwng 1957 a 1969. Braint fawr oedd cael ei adnabod a chydweithio ag ef.

Y FREUDDWYD WÂR

R. Gerallt Jones

Roedd Carwyn, fel y mae sawl un wedi dweud yn ystod y misoedd diwethaf hyn, yn berson cymhleth ac yn berson preifat iawn. Y mae'n amlwg hefyd ei fod yn bersonoliaeth gyfoethog ei nodweddion. Ond, os y derbyniwn ni, gyda Waldo, mai rhyw fath o baradocs amlweddaidd sydd wrth wraidd bodolaeth, yna roedd y paradocs hwn yn brigo i'r wyneb yn aml ym mywyd Carwyn.

Yn burydd ac yn berffeithydd wrth natur, fe'i cafodd ei hun, yn groes i'r graen, ym merw'r byd gwleidyddol am gyfnod, y byd mwyaf amherffaith a chyfaddawdol y gellid meddwl amdano. Ar un pryd, roedd mewn perygl gwirioneddol y câi ei ethol i San Steffan. Roedd y posibilrwydd yn ei frawychu.

Yn berson addfwyn a mewnblyg, nad oedd yn hoff o'r dorf, treuliodd ran helaeth o'i amser ym myd caled ac allblyg y cyfryngau torfol. Yn ŵr a feddai ar egwyddorion personol chwyrn, cyflwynodd ei fywyd, yn y diwedd, i weithgaredd sydd, wedi'r cyfan, fawr gwell na difyrrwch munud awr, ac yn ŵr o ddeallusrwydd llym a digymrodedd, i fyd nad yw'n enwog am ei hinsawdd ddeallusol.

At hyn i gyd, roedd yn Gymro ymwybodol iawn o'i dras, un a gyfrannodd yn helaeth i fywyd Cymraeg ei gyfnod, ond yn y wasg Saesneg yr ymgartrefodd yn y diwedd, a'r wasg honno, trwy gyfrwng y *Guardian* a cholofn goffa'r *Times*, a roddodd y sylw teilyngaf i'w yrfa wedi iddo farw.

Yn bennaf oll, ef oedd athro rygbi ac athronydd rygbi mwyaf treiddgar ei genhedlaeth, ond ni fu erioed yn gwbl dderbyniol gan sefydliad rygbi ei wlad ei hun; cafodd fwy o barch, mewn gwirionedd, yn Lloegr, yn Seland Newydd, yn Ffrainc, yn Siapan, yn yr Eidal, nag yng Nghymru. Yn allanol, derbyniodd y paradocs eithaf hwn dros y blynyddoedd gyda gras ac urddas, ond mae'n sicr fod agwedd amwys mawrion y byd rygbi Cymreig tuag ato wedi peri gofid dwfn iawn iddo yn y pen draw.

Pan gyrhaeddais i Goleg Llanymddyfri fel Warden ym 1967, roedd Carwyn eisoes wedi treulio deng mlynedd yno, fel athro Cymraeg, fel athro tŷ, fel cynorthwywr i eraill ar y

maes criced a'r maes rygbi, ac am gyfnod rhy fyr, fel hyff-
orddwr prif dîm rygbi enwog yr ysgol. Roedd ef bob amser
yn hael iawn ei ganmoliaeth i'w ragflaenydd fel hyfforddwr
yn Llanymddyfri, T. P. Williams, ond mae'n elfen arall yn y
darlun paradocsaidd sydd gennyf o'i yrfa ei fod wedi cael
mwy o gyfle i ymwneud â thîm criced yr ysgol dros y blyn-
yddoedd na'r tîm rygbi. (Ar lefel ysgafnach, mae'n deg
dweud ei fod yn meddwl tipyn ohono ei hun fel cricedwr, yn
arbennig felly fel bowliwr araf a chyfrwys, ac fe deithiai
ymhell am gêm o griced.) Pan gafodd y cyfle i reoli tîm rygbi
Llanymddyfri drosto'i hun, roedd ei arbenigrwydd llachar
fel hyfforddwr yn dod i'r amlwg ar unwaith, a'i bwyslais ar
basio cyflym, ar ffitrwydd, ar ddisgyblaeth, ar sgiliau syl-
faenol, ac ar batrymau creadigol y gêm, yr un mor gyson yn
y cyfnod hwnnw ag yr oeddynt wedyn yn ystod blyn-
yddoedd ei enwogrwydd cydwladol. Yn Llanymddyfri, yn
ystod ei sesiynau beunyddiol ar Glos Tredegar, cae rygbi'r
ysgol, y datblygodd ei syniadau am rygbi, a syniadau
uchelgeisiol, ymosodol, llawn dychymyg oeddynt o'r dech-
rau. Y mae gennyf un atgof arbennig iawn o dîm Coleg
Llanymddyfri yn maeddu tîm cryf iawn o Ysgol Trefynwy o
bymtheg pwynt ar hugain gyda'r cyfuniad perffeithiaf o gyf-
lymder, disgyblaeth a phrydferthwch symudiad a welais i
erioed gan unrhyw dîm ar unrhyw lefel. Roedd Carwyn yn
fodlon cyfaddef fod y bechgyn wedi chwarae'n weddol y
diwrnod hwnnw.

Roedd hwn yn gyfnod pryd yr oedd yn weithgar mewn
gwleidyddiaeth hefyd, ac yn gyfnod pryd y cyfrannai'n
gyson ac yn amrywiol i'r wasg Gymraeg ar bynciau llen-
yddol ac addysgol. Roedd yn byw ei fywyd ar garlam. A
dyna baradocs arall. Er mor daclus a ffurfiol ei wisg a'i ym-
ddangosiad, anhrefn llwyr oedd ei amserlen bersonol, ac
mae digon o chwedlau ar gael am yr achosion hynny pan
lwyddodd Carwyn i dderbyn dau wahoddiad i siarad mewn
dau le gwahanol ar yr un noswaith.

I'm tyb i, er mai gweithred fentrus i Annibynnwr rhonc o
Gefneithin oedd mynd i Goleg Llanymddyfri o gwbl, ceid-
wadwr wrth natur ydoedd. Dilynwr Gwynfor Evans oedd ef
mewn gwleidyddiaeth, ac esiampl Gwynfor a'i hudodd i
wleidydda ym Mhlaid Cymru, yn hytrach na thueddiadau

mwy radical rhai o'i gyd-genedlaetholwyr yn yr ardaloedd diwydiannol. Ceidwadol oedd ei dueddiadau addysgol hefyd, yn yr ystyr mai'r trefnus a'r traddodiadol a'r clasurol ei naws a'i denai yn hytrach na'r newydd a'r arbrofol. Dyna hwyrach a barodd iddo dorri cwys annisgwyl a derbyn gwahoddiad G. O. Williams, y Warden, i ymuno â staff Llanymddyfri. Ond yma eto roedd amwysedd i'w weld. Mewn cyfarfodydd staff, yn arbennig hwyrach yn y seminarau cynnar, anesmwyth hynny gyda'r staff preswyl yn ystod fy nhymorau cyntaf i yn Llanymddyfri, barn ofalus-ddoeth a geid gan amlaf gan Carwyn trwy fwg ei sigarét, barn gwrtais a charedig, a barn geidwadol. Ac eto, yn ei ymwneud beunyddiol â'i fechgyn yn ei dŷ ei hun, roedd yn aml yn fentrus ac yn flaengar tu hwnt. Roedd ei ystafell ef ei hun yn dir comin i'r bechgyn hŷn, ac roedd y bechgyn iau yn ei addoli. Nid unwaith na dwywaith y gelwais heibio iddo yn hwyr y nos, i ddarganfod fod Carwyn ar dramp yn rhywle, un o'r bechgyn wrth y ffôn, un arall yn gwylio'r set deledu a thrydydd yn berwi tegell. Ond roedd y cyfan dan lywodraeth, yn fater o ddealltwriaeth lwyr rhyngddo ef a hwy. Pan ddychwelai ef yn y man, byddai cwpaned o goffi'n barod iddo, a byddai'n suddo i'w hen gadair ledr i glywed pentwr o negeseuon ffôn, o glwb rygbi Llanelli, o bencadlys Gwynfor Evans yn Llangadog, oddi wrth olygydd *Barn* neu'r *Faner*, o'r BBC. Hwyrach mai'r gwir yw ei fod yn ymwybodol fod angen fframwaith trefn a thraddodiad fel llestr i gynnwys ei ddychymyg a'i egnïon hedegog ef ei hun, a hwyrach ei fod yn gywir i synhwyro hynny.

Bwriadai adael Llanymddyfri cyn gynted ag y mabwysiedid ef yn ymgeisydd seneddol, a hynny am ddau reswm: am iddo gredu y gallai ei gysylltiadau gwleidyddol bellach wneud drwg i'r ysgol, ac am y gwelai fod y myrdd galwadau allanol a oedd yn pentyrru o'i gwmpas yn debyg o lesteirio ei waith fel athro preswyl effeithiol. Llwyddais i wfftio'r ddadl gyntaf ac i ohirio'i benderfyniad terfynol ar sail yr ail ddadl. Teimlwn fod ei gallineb, ei gydymdeimlad â'r bechgyn fel personau unigol a'i safonau ymberffeithiol yn gwbl werthfawr, hyd yn oed pe na chaem ni ond cyfran o'i

111

amser. Ond mynd fu raid iddo yn y diwedd, tua'r Drindod a Seland Newydd ac enwogrwydd byd-eang.

Credaf mai yn ei gyswllt beunyddiol â'r bechgyn yn Llanymddyfri y dysgodd y grefft o drin pobl, a phan adawodd ef y gymdeithas glòs yn yr ysgol, roedd y golled yn golled iddo ef yn ogystal ag i Lanymddyfri. Roedd cwmnïaeth bechgyn ac athrawon a fframwaith dynn y gymuned—fframwaith glawstroffobig weithiau—yn cynnig iddo aelwyd a sefydlogrwydd, rhywbeth na chafodd yn yr un modd fyth wedyn, dybiwn i. A hwyrach yn wir fod yr ymddangosiad o wareiddiad ac o ddiwylliant gwâr a geid mewn sefydliad o'r fath, pa mor dwyllodrus bynnag yr oedd hynny'n medru bod yn aml, yn eli i galon anniddig hefyd.

Oherwydd yr oedd ef yn ddiamau yn berffeithydd ac yn ddelfrydwr. Mewn sesiynau plygeiniol yn ei ystafell, a minnau newydd gyrraedd swydd a safle anghysurus o ddieithr, yntau'n hen gyfarwydd ag ansymudolrwydd ystyfnig—a Seisnigaidd—ein sefydliad, roedd ei gyngor a'i gefnogaeth yn hael. Nid yw'n berthnasol beth oedd cynnwys y sgyrsiau, gan mai ymwneud yr oeddynt yn bennaf â materion mewnol yr ysgol, ond deuthum i ymdeimlo â'r anniddigrwydd dan y tawelwch gwastad ac ystyriol yn ystod y sgyrsiau hynny, a'r ffaith fod ei olwg, er yn betrus, ar orwel pell. Credaf ei fod ef, fel rhai o'i arwyr gwleidyddol a llenyddol, yng ngwaelod ei fod yn hiraethu am Gymru chwedloniaeth yr Oesoedd Canol, Cymru barddoniaeth Gwynn Jones, Cymru gyfundrefnol a Chymru wâr. Ac er i mi dueddu hwyrach i bwysleisio'r paradocsau yn ei yrfa, eto roedd yr elfen uchelwrol hon yn ei bersonoliaeth rywsut yn asio'n ddigon taclus ag unplygrwydd gwerinol ei fagwraeth yng Nghefneithin. Roedd rhyw wastadrwydd pell-gyrhaeddol yn y traddodiad hwnnw hefyd, y cyfuniad o'r addfwyn a'r stwbwrn, y gwerinol a'r esthetig a geir, am ryw reswm, yn sawl un o drigolion Cwm Gwendraeth.

A hwyrach fod Piwritaniaeth hunanhyderus y fagwraeth honno hefyd wedi cyfrannu i'r anniddigrwydd, fel yr âi'r blynyddoedd heibio. Rwy'n cofio cael fy nghyflwyno i'w dad, ac yntau'n orweddog, a Charwyn newydd gael ei ddewis i hyfforddi'r Llewod yn Seland Newydd. Roedd yr hen ŵr yn falch o lwyddiant ei fab, wrth reswm, ond lleisio pryder a wnaeth yn hytrach na balchder, pryder hanner-direidus, rhaid cyfaddef, ond pryder dilys, serch hynny. 'Smo chi'n credu,' gofynnodd, 'fod yr amser wedi dod iddo fe setlo lawr, yn lle chware plant, ac ynte'n ddeugain oed?' Gofynnais yr un cwestiwn i Carwyn ei hun fwy nag un-waith, heb gael ateb boddhaol.

Nid ei gyswllt â rygbi yw thema'r ysgrif hon. Yn wir, y troeon diwethaf y deuthum i ar ei draws, ar y stryd yn Aber-ystwyth, yng nghyntedd y BBC yng Nghaerdydd, yr un oedd y gân. Roedd am gael sgwrs am unrhyw destun ond Y Gêm. 'Mae'n anodd cael neb i drafod dim ond rygbi,' meddai, 'ac mae dyn angen seibiant weithiau.' Doedd dim amheuaeth nad oedd ef yn aml yn blino ar arwynebedd y trafod technegol parhaus, ac ar gwmnïaeth ymosodol Phil-istaidd y byd rygbi.

Ac eto, dyma'r byd a'r bywyd a'i hawliodd yn y diwedd. O ddewis, neu'n anochel, dyma'r gornel o'r byd y cafodd ef gyfle i'w lefeinio. Llwyddodd i gyfrannu i'r cylchoedd rhyf-edd, cystadleuol hyn elfennau digon dieithr iddynt, elfen-nau o sifalri ac o ddisgyblaeth feddyliol na fyddai wedi dylanwadu arnynt fel arall. Gwelsai ef y gêm a byd y gêm, nid fel yr oedd, yn aml yn dreisiol ac yn amrwd, ond fel y gall'sai fod, yn batrymog wâr. Felly y gwelsai gymdeithas yr ysgol hefyd. A Chymru hithau, synnwn i ddim.

Hwyrach mai'r atgof mwyaf nodweddiadol ohono, wedi'r cyfan, yw'r ffigur unig yn ei gôt fawr yn cerdded yn ben-noeth i fyny ac i lawr y llinell ar Glos Tredegar, gan droi ei gefn at y gwynt i danio ei ffag, yn ferw o gynnwrf mewnol, a chan ddisgwyl bob dydd y byddai ei dîm, y tro hwn, yn cyf-lwyno iddo'r perfformiad perffaith, yn dangos y gêm iddo, nid fel yr oedd, ond fel y dyl'sai fod.

'PANTNER'

Rita Williams

Fu hi erioed mor galed arna' i dderbyn fod anadl dyn wedi peidio, fod yr arian byw yn llonydd, y deinamo wedi diffodd; ac o ballu credu, yn ffaelu'n deg ag ymroi i lunio gair o deyrnged. Ond fel yr âi'r wythnosau'n fisoedd, gydag Eisteddfod yr Urdd, Etholiad Cyffredinol, Pencampwriaeth Griced, Taith y Llewod, ac amrywiol ddigwyddiadau rhyngddyn nhw, bu'n rhaid cydnabod dro ar ôl tro, ac aralleirio llinell o un o'i hoff gerddi,

Bwlch sy ymhobman lle bu.

Roedd y sylwebydd craff, cynnil, llithrig ei barabl ac unigryw ei arddull, a'i gyfeiriadau llenyddol ac ymadroddion ysgrythurol wedi tewi.

Eto ni ddeuai'r ysgogiad cychwynnol angenrheidiol, hyd nes i mi daro ar arysgrif Ladin mewn eglwys yn Swydd Gaerloyw, yn coffáu un hynod am 'ei ddiwydrwydd, ei ddeallusrwydd, ei ragoriaeth ym myd y campau, a chyfaredd ei bersonoliaeth'. Disgrifad perffaith o'r hen 'Jâms', fel y'i gelwid yn annwyl gan ddyrnaid ohonom yn Llanddyfri ym mwrlwm prysur y chwedegau.

Un o'r dyletswyddau cyntaf ges i yn Drefnydd yr Urdd dros Sir Gâr fu mynd i Goleg Llanddyfri, lle brawychus o estron i mi, i wahodd un o arweinwyr selocaf ac enwocaf y Mudiad, a gafodd sylw arbennig yn ei gylchgronau, yn ŵr gwadd i Barti Calan yr Urdd ym Mhantyfedwen. Wrth deithio o'r naill ben o'r sir i'r llall y flwyddyn honno fyddai dim dal yn y byd pryd y gwelwn yntau wedi bod mewn ysgol neu'n mynd i Aelwyd neu Glwb Ffermwyr Ifainc, i sôn am ei daith gyda thîm Llanelli y tu hwnt i'r llen haearn. Dechrau oes lawn o grwydro a ymledodd fel y gwna cylchoedd ar wyneb y dŵr.

Yn haf 1958 daeth i wersyll Llangrannog yn swyddog am y tro cyntaf, am wn i, a man-a-man ei ddweud e â'i feddwl, fu yna ddim 'sgwadiwr' â llai o elfen at fod wrth y badell sinc (cyn sôn am beiriant golchi llestri)! Ond byddai wrthi'n ddiflino gyda'r plant drwy'r dydd gwyn yn sgwrsio â hwn-a-hon am eu cefndir, neu'n hyfforddi'r bechgyn i drin y bêl

114

hirgron neu'r bat criced, fel y tystia lluniau o gryts ffodus y dyddiau hynny megis Huw Llywelyn Davies, Gareth Edwards a Winston Jones. Ond pan ddeuai'n brynhawn, ac yn adeg mynd i ddŵr y môr, câi ei boeni'n ddidrugaredd gan na fentrai i'r dwfwn, ac yntau'n hen longwr, wel o leiaf wedi bod yn aelod o lynges Prydain!

Yng ngwersyll yr Urdd y gwelwyd Carwyn y difyrrwr ffraeth ar ei uchelfannau afieithus yn cynnal noson lawen fyrfyfyr ei hunan wrth feirniadu cystadleuaeth Noson Lawen y Tai; a dyna'r noson fythgofiadwy arall honno ac yntau'n llywio cinio (cawl-tipyn-o-bopeth) i anrhydeddu capten clwyfedig tîm y Swyddogion (sef 'Castell', fel y galwai ei gefnder, Gwilym J. Thomas). Syndod y byd na chododd mo'r plant o'u gwlâu a'n chwerthin aflywodraethus yn eco hyd lannau Lochtyn! Gwelsom hefyd yn y dyddiau cynnar hynny na allai fynd ymhell o dre heb i rywun ei 'nabod. Ac yntau wedi mynd â thair ohonom i gael hufen iâ un prynhawn, gofynnodd gŵr bonheddig ag wyneb a llais digamsyniol un o Sir Gâr i ni 'fan 'no: 'Nid Carwyn James sy gyda chi fan 'na?' a ninnau'n tair yn cael hwyl i'w ryfeddu yn ateb yn gellweirus, 'Na, ond mae lot yn eu gweld nhw'n debyg, siwt!' A dwy'n amau dim nad oedd neb yn mwynhau'r hwyl yn fwy na'r gwron swil ei hunan.

Druan ag e, rhagflas oedd hyn o'r ffordd y byddai hi arno o hynny ymlaen, mewn priodas neu angladd, drama neu ddawns, cyngerdd neu steddfod, ysgol neu ysbyty roedd rhywun yn siwr o'i fachu i drafod symudiad, techneg, dawn, neu ddiffyg dawn, chwaraewr mewn rhyw gêm neu'i gilydd yn y gorffennol pell neu agos. Yn aml iawn, byddai'n rhaid iddo wrando'n foneddigaidd dawel ar feirniad pybyr yn traethu'i farn yn hir, hir, yn boenus o hir. Gallwn ddychmygu ambell un felly yn ei sgwario hi wrth adrodd fersiwn diwygiedig o'r hanes o gael cynulleidfa yn ddiweddarach, 'Fel rown i'n gweud wrth Carwyn pwy ddiwrnod . . . a roedd Carwyn yn cytuno 'da fi ed . . .'!

Yn wir, alla' i ddim llai na'i gymharu â lamp oel 'Mam-gu. Pan ddygid y lamp honno i'r ford gartre mewn argyfwng oherwydd pall ar y trydan, câi fy chwaer a finnau ein siarsio i beidio ymhel â hi, 'waith o droi'r pabwyr yn rhy uchel byddai'r disgleirdeb llachar yn peri chwalfa, a'r gwydryn yn deilchion. Weithiau neidiai'r fflam yn uwch ohoni'i hun a byddai'n rhaid gostwng y pabwyr. Ni wn i ddim am neb y bu cymaint o alw amdano mewn cynifer o wahanol feysydd ar yr un pryd, ac a chyn lleied o ofal am y dreth a olygai hynny arno, yn ei wthio'i hunan yn ddidrugaredd.

Ond er ei holl brysurdeb ym myd dysg, diwylliant, cref-ydd, gwleidyddiaeth a chwaraeon yn y cyfnod hwnnw, byddai ganddo'r ddawn brin honno i ymddangos fel pe bai ganddo faint fynnid o amser i wrando cwyn rhywun mewn helynt neu gyfyng-gyngor. Cyfaill mewn cyfyngder. Ac eto, fyddem ni, 'wŷr y gwithe', ddim yn arfer y gair 'cyfaill', nac yn wir 'ffrind' yn gyffredin yn ein byw bob dydd, ond 'pant-ner' (a 'phantneres' bid siwr). 'Os pantner, pantner' oedd un o'r dywediadau a glywn yn fynych yn y gymdeithas lofaol gartre, ac fe fu Carwyn yn 'bantner' yng ngwir ystyr iaith y colier pan es yn athrawes ddibrofiad, ddihyder i Ysgol Pantycelyn yn Llanddyfri.

Seiliwyd perthynas barhaol o gydymddiried amheuth-un. Yn gwbwl ddiffwdan, ddiseremoni; eto â chonsýrn dwfwn; yn calonogi bob amser pan ofynnwn am ei farn gyt-bwys; ie, a diolch am hynny, yn rhoi cerydd brawdol pan deimlwn yn annigonol i ymgymryd â rhyw dasg neu'i gil-ydd. Gwyddwn innau fod amser ac amgylchiadau wedi mynd yn drech nag e pan welwn ddau negesydd yn lifrai'r coleg wrth ddrws fy ystafell ddosbarth (bu golygydd y gyf-rol hon yn un ohonynt fwy na siwrnai), yn gofyn a allwn i alw yn y Coleg ar y ffordd 'n ôl o'r ysgol â recordiau iddo ddewis ohonynt a'u hamseru ar gyfer ei raglen radio 'Wrth y Ford Gron', neu i gywiro proflenni Adran Ysgolion *Barn* yr oedd yn olygydd arni ar y pryd, yntau'n gorfod eu dych-welyd ar ras wyllt i Landybïe *y noson honno* ar ôl bod â chloffion y maes chwarae i'w drin gan ddewin y Derwydd, neu ar ei ffordd i annerch mewn rhyw lan neu dref. Byddai wedi mynd i'r pen arno pan ofynnai i un ohonom ei yrru i Gaerdydd ar gyfer ei raglen deledu hwyrol 'Campau' fel y câi yntau gyfle i lyncu afal neu ddau yn ymborth ar ôl pryn-hawn egnïol ar y cae rygbi, cyn bwrw ati i gymoni a chaboli ei sgript. Fynychaf byddai'n cysgu'n drwm ran helaeth o'r ffordd tua thre wedi blino'n siwps.

Er nad oeddem yn yr un ysgol, buom yn cydweithio ar yr

116

un talcen, y naill yn Gadeirydd a'r llall yn Ysgrifennydd Pwyllgor difyr a dyfal Cylch Llanddyfri am chwe blynedd. Ni chofiaf iddo golli un o'r cyfarfodydd hwyliog hynny oedd yn nosweithiau bach llawen ynddynt eu hunain, diolch i feddwl chwim a hiwmor cynnil, difalais y Cadeirydd. Cefnogai bob awgrym am weithgarwch newydd yn frwd, a chyda'r blynyddoedd, yn ychwanegol at drefnu'r Eisteddfod Gylch a Chyngerdd yr Adrannau, noddai'r Pwyllgor ddarlith flynyddol, Cymanfaoedd Canu a Chyngherddau Clasurol gan artistiaid o fri megis Ann Griffiths, Frederick Grinke, John Williams a Helen Watts.

Roedd ar dân dros 'y pethe', 'yn sirgar anobeithiol' ac yn genedlaetholwr hyd fêr ei esgyrn. A deuai pob etholiad â galwadau ychwanegol. Cwrteisi tawel a'i nodweddai wrth ganfasio braidd yn swil o dŷ i dŷ yng Nghil-y-cwm a Rhandir-mwyn, ac yng nghwfaint lleianod Llanddyfri, ond dyn arall fyddai'n tanio mewn neuadd neu ysgol yng nghefn gwlad ac ar lwyfan-cyn-lecsiwn yn nhre Caerfyrddin, a'i daerineb dros fuddiannau'r genedl a rhinweddau Gwynfor yn drydanol.

Oedd, roedd yn fonheddig, a gallai gydweithio'n heddychlon gyfeillgar â phobl oedd yn gwbwl groes i'w anian a'i ddaliadau yntau—hyd at ryw fan yn unig, fel y profodd un oedd wedi sarhau'r iaith Gymraeg a Chymry'r Coleg un bore Gŵyl Ddewi, a Charwyn pur wahanol fu'n taclo hwnnw cyn diwedd y dydd.

O dan yr ymddangosiad digynnwrf, didaro roedd enaid sensitif a gofidiwr dwfwn. Yn feistr arno'i hunan i bob golwg, hoffai gael barn arall ar yr hyn a sgrifennai cyn mynd i'r wasg; yn dasg-feistr caled ar bartïon cydadrodd a chwmni drama, enynnai hyder yn y perfformwyr, ond byddai e'i hunan mewn gwewyr nerfol yn disgwyl perffeithrwydd y tu hwnt i'r llenni drwy gydol y perfformiad! Tebyg bod yr un peth yn wir amdano yn y byd rygbi—y byd hwnnw a'i cipiodd o gynifer o feysydd y câi fodd i fyw i ddianc yn ôl iddynt o bryd i'w gilydd. Ond daeth y maes yr oedd e'n feistr arno yn feistr arno yntau a gwledydd y byd yn galw am ei gyngor a'i hyfforddiant. Llosgodd y fflam yn eirias:

Rhy dawel yw'r gŵr diwyd
Ddoe mor fyw, heddiw mor fud.

Y DDAU GARWYN

Norah Isaac

Yr enghraifft gyntaf o hyfforddi eneiniedig Carwyn y bûm i'n glust-a-llygad-dyst ohoni oedd cyflwyniad llafar ei barti cydadrodd ef yn Eisteddfod Genedlaethol yr Urdd ym 1959. Roedd hi'n wefr i glywed a gweld parti o fechgyn siwtiau llwyd, yn raenus eu golwg a disgybledig eu mynegiant, yn cynrychioli Coleg Llanymddyfri, sefydliad na fuasai hyd hynny'n enwog—a dweud y lleiaf—am ei uniaethu ei hun ag Eisteddfod yr Urdd! Ond roedd tro ar fyd. Yn y coleg hwnnw, erbyn hyn, roedd athro tra arbennig yn dysgu Cymraeg a rygbi, a deupen rhychwant ei ddysgu y naill mor ddisglair â'r llall. Carwyn, fel y gwyddys, oedd yr athro hwnnw.

Ddwy flynedd ynghynt, yn ein cegin-fyw ni gartre, fe welswn Carwyn ar y teledu'n chwarae rygbi tros Gymru, a 'nhad a 'mrawd yn canoli'u llygaid ar bob symudiad o'i eiddo. Daethai ei enw Cymraeg dihafal yn enw a edmygid gan holl garwyr y gêm, a daeth pentref Cefneithin i fri cenedlaethol. Un o'r bobl a swynwyd gan bersonoliaeth atyniadol a gwylaidd Carwyn oedd y Canon Haliwell, prifathro Coleg y Drindod. Sais a garai Gymru oedd ef, a gwnaeth ei orau i ddenu Carwyn i staff ei goleg gan y gwyddai y cawsai, nid yn unig ddisgleirdeb dysg, ond hefyd ymwneud cyfathrebol fywiog y maes chwarae. Ond, ar y pryd, o deyrngarwch nodweddiadol ohono, mynnu aros yng Ngholeg Llanymddyfri wnaeth Carwyn i sefydlu'r Gymraeg yn y 'curriculum', a gweld tair cenhedlaeth yn cael chwe blynedd o astudio'r Gymraeg o dan ei gyfarwyddyd ef. Eithr cadwodd Carwyn mewn cysylltiad â Choleg y Drindod a dod â byseidiau o'i fechgyn yno i'r gweithgareddau Cymraeg ac i wylio perfformiadau drama yn Gymraeg.

Erbyn Ionawr 1969 daeth yn aelod o staff yr adran Gymraeg a Drama, ac arhosodd am gyfnod o bum mlynedd a hanner—hwyrach y cyfnod llawnaf a mwyaf ysblennydd o'i holl yrfa. Dyna'r cyfnod y daethpwyd i wybod amdano trwy wledydd y byd. Dyna'r cyfnod hefyd y cafodd gyfle i amlygu ei Gymreictod brwd i ddarpar-athrawon y Gymraeg.

Er nad oedd Carwyn yn wleidydd wrth reddf, mynnodd ym 1970 ei gyflwyno'i hun 'yn wyneb haul a llygad goleuni' yn ymgeisydd Plaid Cymru yn Llanelli, gorsedd-le Jim Griffiths ei hun. Rhwng prysurdeb lecsiyna, hyfforddi athrawon, hyfforddi chwaraewyr rygbi, annerch cymdeithasau o fri cenedlaethol yn ogystal â chymdeithasau clòs, di-nod, a sgrifennu tystlythyrau di-ri, prin oedd seibiant yn ei fywyd gorlawn. Ond camp fawr Carwyn oedd medru defnyddio'i feddwl cyflym a threiddgar i ganolbwyntio dim ond ar y gwaith oedd ger ei fron ar y pryd, ac roedd yn ffodus ei fod yn gallu gwibio'n feistraidd o'r naill ddisgyblaeth i'r llall. Gallai ddadansoddi cerdd neu ddarn o ryddiaith gyda'r un trylwyredd ag y dadansoddai symudiadau tîm rygbi. Defnyddiai ef yr un angerdd, ac ymgollai yng ngwefr a mwynhad y naill brofiad fel y llall.

Ni lwyddodd Carwyn i gipio sedd seneddol yn San Steffan ym 1970, ond, flwyddyn yn ddiweddarach, yn Llundain, fe'i dewiswyd ef, y Cymro cant-y-cant, i fod yn hyfforddwr ar dîm arfaethedig Y Llewod. Yn ystod y cyfnod hwn byrlymai balchder ac afiaith trwy'i bersonoliaeth lednais, ac adlewyrchid y cyfan yn ei ddarlithio hwyliog. Cyflwynai ef Bantycelyn, Gwenallt, D.J., Kate Roberts, Y Cywyddwyr a'r Dyneiddwyr gyda mwy o arddeliad nag erioed, ac i'r myfyrwyr dan ei ofal, roedd bri'r maes chwarae a'r maes llenyddol yn un. Yn ystod tymor yr haf, rhyddhawyd Carwyn am fis (di-dâl) tra digwyddai gweddill ei gyfnod yn Seland Newydd fod yn gyfnod o wyliau coleg. Gwyddys am lwydd hyfforddwr Llewod 1971 . . .

Dychwelodd Carwyn i Gefneithin yn gymaint Cymro a Shirgarwr ag erioed. Roedd y galwadau arno'n lluosog, a'i gryfder a'i wendid oedd na allai wrthod neb. Nid unwaith yn unig y sylweddolodd iddo addo mynd i ddau le daearyddol gyferbyniol ar yr un pryd! Dyma'r adeg y profodd Carwyn werth ambell gyfaill oedd yn barod i dalu cymwynas yn ôl iddo ef am y llu cymwynasau a wnaethai ef, a'u gwneud gan amlaf yn gudd a thawel.

Cyfnod yr enwogrwydd a'r poblogrwydd oedd 1971-72, cyfnod tîm Llanelli'n llorio'r Crysau Duon, cyfnod gweld hyfforddwr y tîm yn ymadael â'r cae cyn dechrau'r gêm yn erbyn y Springboks. Ni ellid llorio cadernid cymeriad Car-

119

wyn yn y cyfnod hwn. Roedd ei glywed yn ei morio hi yn yr ystafell ddarlithio, am y pared â mi, yn brawf dyddiol o'i werthfawrogiad o lenyddiaeth ei wlad. Darlithiai hefyd ar bwnc y Ddrama Radio a Theledu, ac ar ddrama Rwsia. Dadansoddai dechneg cynhyrchu rhywun fel Cedric Messina gyda'r un manylrwydd ag y gwnâi gêm ryng-bentrefol neu ryngwladol. Athro wrth reddf oedd Carwyn, a chyfathrebwr medrus pan fynnai fod felly. Ond mynnai hefyd gael hawl i fod yn fud.

Roedd y profiad o'i weld yn croesi iard ysgol gynradd, adeg ymarfer dysgu'r myfyrwyr, yn debyg i edrych ar Ŵr y Fantell Fraith. Rhuthrai'r plant ato. Rhaid oedd cael ei lofnod. Byddai ganddo nodyn personol ar ddarn papur pob plentyn, a siaradai â phob unigolyn. Beth oedd yn hyfryd i'w ganfod oedd bod gwers y myfyriwr yn yr ystafell ddosbarth hefyd dipyn yn ddisgleiriach oherwydd yr iwfforia o gwmpas ei ddarlithydd!

Byddai ymweld ag ambell ysgol lle na châi'r plant, druain, amlygiad o unrhyw ysbrydoliaeth gan eu hathro yn artaith enaid i Carwyn. Byddai'n dafodrydd ei feirniadaeth o weld addysg yn dal i fradychu'r Gymraeg, a bröydd ei fagwraeth yn glastwreiddio o ran eu Cymreictod. Erbyn 1972, ac yntau'n Llywydd y Dydd yn Eisteddfod Hwlffordd roedd y Carwyn encilgar, swil, yn llawn hunanhyder, ac yn llym ei lach ar weinyddwyr a esgeulusai'r Gymraeg a garai ef mor angerddol:

> Heb gof, heb genedl. Cof cenedl yw ei hanes ond fe geidw cenedl ei chof yn fyw drwy ofalu fod ei hanes yn rhan o'i haddysg a dyna ddagrau pethau i mi yng Nghymru yn ystod y ganrif ddiwethaf yma. Chi, sydd yn perthyn i Bwyllgorau Addysg, wnewch chi wrando? Gobeithio y gwnewch chwi wrido yn ogystal! Gyfarwyddwyr Addysg y Siroedd, prifathrawon ysgolion—yn arbennig ysgolion uwchradd, darlithwyr colegau, athrawon ysgolion, gwrandewch. Gwrandewch ar y bardd hwn ac mae ef yn llygad ei le:
>> Yn gynnar eisteddem i lafarganu
>> siâp hanes
>> Dysgu am Lisa Drws Nesa.
> Dwy'n adnabod y bardd yma, does ganddo fe ddim byd yn erbyn y Frenhines mwy nag sy gen i, ond yn y cyswllt hwn . . .

Dysgu am Lisa Drws Nesa a
gwybod dim am mam.
Ten Sixty Six, Ten Sixty Six . . .
Ac nid oedd i Lanfair-ym-Muallt le
yng nghuriad yr alaw.
Rhigymu ddoe ar gam.
The Spanish Armada. Fifteen Eighty
Eight, Fifteen Eighty Eight
A'r llong o Lanrhaeadr-ym-
Mochnant yn hwylio'n llwythog gan
oludoedd yr adnodau
A ninnau heb wybod ond am y boi
yn chware bowls.

Oes angen dweud mwy? Un o anghenion mwyaf addysg yng
Nghymru, hyd y gwelaf i, yw rhoi cof i'n plant ni . . . mae yna
ddadeni mawr, mae yna gyffro mawr yng Nghymru y dydd-
iau hyn . . . Pwy blannodd yr hedyn ym mynwes y bobl ifanc
yma? Ai'r fam-gu yn Esger-ceir a'r Gymraeg ar ei gwefusau
oedrannus yn Gymraeg Pantycelyn? Ai'r gweinidog
hwnnw yng nghefn gwlad Cymru yn ei bulpud gwledig yn
un o'r blychau yma a oedd yn sôn am gariad y Meseia, am
gyfiawnder Amos? Ai'r Athro Ysgol oedd yn cyfeirio at y
nwyd wladgarol? Ai'r Cynghorydd oedd yn gwrthod derbyn
dim oedd yn Gymreig a Chymraeg? Ai'r Aelod Seneddol
hwnnw a fu'n taflu ei gôt fel y creadur gyda phob tymor?
Pwy sy'n plannu'r hedyn? Pwy sydd yn gyfrifol am y
gwreichionyn ym mynwesau'r bobl ifanc yma? Ai chi, ai fin-
nau? Am wn i, mae'n rhy ddiweddar i ni dynnu'n ôl.

Beirniadwyd yr araith hon. Ond nid ildiodd Carwyn.
Gwyddai o'r gorau sut oedd taclo'n lân a chwarae'r gêm.
Un cwrtais fu ef bob amser. Ei feirniaid ef ar y pryd, ac nid
efe, oedd yn sarnu rheolau ein traddodiad cynhenid ni fel
Cymry.
   Ym 1974, ymadawodd Carwyn â Choleg y Drindod, a
bu'r golled o fewn i fagwyrydd cydnabyddedig addysg yn
un enfawr. Sut bynnag y ceisir mesur y golled honno, rhaid
ei hystyried ochr yn ochr â llwydd diamheuol Carwyn fel
cyfathrebwr cyhoeddus ar lwyfan, ar gae ac ar y cyfryngau;
fel pontiwr rhwng y Cymry Cymraeg a'r di-Gymraeg; ac fel
llysgennad byd-eang tros Gymru.
   Ond, un peth sy'n sicr, fel yn nhraddodiad chwedlon-

iaeth Cymru, cafodd Carwyn enw cwbl gymwys ar gyfer ei bersonoliaeth dyner a charedig. I'w ffrindiau fyrdd o bob rhan o Gymru a'r byd, trist o brofiad yw gorfod cofnodi am y Cymro hygar a theyrngar hwn—*Myned a oruc Carwyn.*

(Codwyd o *Barn*, Chwefror 1983, Rhif 241)

THE 1971 LIONS
David Frost

We all have differing views about when and where Carwyn reached his zenith: he had so many darting arrows in his quiver. But of all the little man's feats, literary or sportive, I always felt his coaching of the 1971 Lions in New Zealand was the moment of truth, the challenge which brought out of him the reservoirs of sheer talent which he was often at pains to keep hidden.

Coaching Llanelli to *their* triumphs was in itself a great achievement, but to be faced with a group of thirty players from England, Scotland, Ireland and Wales demanded all Carwyn's resources of intellect, sympathy, and intuition. History shows that he had the humility to pick the brains of his most experienced men. Not one resented this because they all knew that here was a man who understood them and their aching for success. Carwyn became their catalyst.

On the training pitch Carwyn was never fierce. He would make slackers run round and round the field, but the obedience he commanded came entirely from respect. He was intolerant of passes dropped by the backs and would make his charges repeat chain-passing time and time again, but they knew, just as he knew, that the All Blacks would never be beaten unless passes were correctly given and cleanly taken. If he was a hard taskmaster, I never heard anyone resent the discipline he imposed.

Carwyn instilled a pride in doing things properly. He worked on this in an individual as well as a corporative sense. Here his deep psychological understanding of the individual man contributed greatly to the well-being of the team. No one would suggest that Barry John, Mike Gibson, John Dawes and David Duckham were similar either in their characters or in their style as rugby players. But Carwyn had the uncanny knack of bringing out the best in each of them and of guiding them to produce some of the most beautiful, and most effective rugby ever seen.

I suppose Carwyn really did this through his natural ability to communicate. No one who ever met him will have failed to recognise the immediate rapport, the openness, with which he welcomed people.

For all that, there was always something faintly mysterious about Carwyn. One day after lunch in Wellington, New Zealand he came to me out of the blue—I scarcely knew him at that time—and said he wanted me to come to the theatre that evening with him. He said he had also asked Willie John McBride to come along. I cannot speak for McBride, though I doubt if he was a regular theatre-goer in Ballymena, but I had certainly not been inside a theatre for many years.

We both felt impelled to accept Carwyn's invitation, and the theatre club's performance of Harold Pinter's *The Birthday Party* remains one of my most vivid memories not only of Carwyn but of rugby touring. What made the evening was Carwyn's ebullient company. He was in one of those totally relaxed, effervescent, almost irreverent moods as we sat at a table with a bottle of wine and sandwiches.

Some ten or twelve years later I asked him why he picked on two such unlikely men as McBride and Frost to accompany him to the theatre that night. I never got a proper reply. I can only think that in my case, he thought I ought to be brought closer to the Lions. As far as McBride is concerned, the answer may lie in the fact that the next day the Lions defeated the very strong Wellington provincial side 47-9 in possibly their most convincing performance of the whole tour.

It was, I think, the greatest strength of Carwyn that he worked through individuals to achieve perfection in team performance. He had an orchestra conductor's ability to coax any number of players to give the performance he believed they were capable of producing. But on that 1971 tour, his 'clinics', when he would take aside perhaps two centres and a wing, perhaps two wings and a full back, perhaps the two half-backs, were the occasions on which his understanding of the men and his complete knowledge of the requirements of their positions on the field were most appreciated by the Lions. No matter how exhausting the training and coaching session in the morning had been,

124

any player considered it a privilege to spend the afternoon at one of Carwyn's clinics.

One clinic, in particular, stands out in my mind. This was at the little town of Greymouth where the Lions were due to meet West Coast and Buller, perhaps the weakest of the opposition on the tour. However weak the opposition might be, Carwyn was determined to seek perfection. The Lions had chosen an experimental side with Arthur Lewis, a centre, picked at outside half. So Carwyn spent much of one afternoon ensuring that Lewis and Chico Hopkins, the scrum half, would get their timing of pass and the angle of run correct. The fact that David Duckham, on the right wing, scored six tries in that match is proof of the efficacy of Carwyn's coaching.

Then on the Sunday after that disgraceful game against Canterbury at Christchurch, who led the evening of song which uplifted morale when Ray McLoughlin and Sandy Carmichael, the probable Test props, had been put out of the tour through injury? Carwyn it was, strongly supported by J.P.R. and with Cliff Morgan at the piano, who brought the evening and the tour to life. Like a good schoolmaster he knew everything that was going on and understood when and where to make his presence felt. It was his percipient intellect and his tireless exuberance that made the 1971 Lions click.

THE ITALIAN JOB
John Hopkins

It was while the Lions were in Christchurch, New Zealand, on that ill-fated tour of 1977, that the word got out that Carwyn James was going to move to Italy. The broadcaster, Alun Williams, was standing in the hotel foyer reading a letter from home when he suddenly shouted out: 'Carwyn's off to coach Rovigo in Italy. He wants a break.'

Two months later, I flew to Venice, rented a car at the airport and drove towards Rovigo. My directions from James were skimpy—he was hopeless at that sort of detail—but miraculously I found Via Monti and located the upstairs flat. I rang the door bell and Alun Richards, a big man with a boisterous laugh and a warm manner, opened the door. Richards, the well-known author, was staying with James for three weeks. He showed me around. The flat had three bedrooms and on a table in what was the sitting room, papers were spread out and covered with the familiar small and neat writing of James. A pile of books was nearby, as was an ashtray.

Soon the front door opened and Carwyn James walked in, a welcoming smile on his face. The three of us set off to a nearby restaurant for dinner and on the way acquaintances in this small Italian town shouted '*Ciao* Carwyn' as he walked past. He replied, with a slight touch of embarrassment, '*Ciao, buon giorno*'.

I was puzzled why James had fled to Rovigo and over dinner I questioned him. He was tired he said. His success with the 1971 Lions had cast him onto a carousel that was spinning faster and faster. While his bank balance increased, his health deteriorated. The prospect of a sabbatical, as he called it, of learning a new language, of getting back to coaching and having the time to finish a book on rugby, were irresistible.

'This time last year nothing was further from my mind,' he said, sipping his white wine. 'It just happened.'

The next day we climbed into the old Mini that James was using and drove off in search of the All Blacks who were due to play Italy at Padua at the week-end. It was to be the first match of their short tour of Italy and France and their coach was Jack Gleeson, who had coached them against the Lions earlier in the year. Together with a group of New Zealand journalists, we watched Gleeson conduct the training session and, at the end, we stood on a scrummaging machine to add ballast to it while the forwards packed down against it.

Later I asked James what he had thought of the All Blacks scrum.

'Much too loose,' he replied sharply.

'How do you mean?'

'I wanted to see the whites of their knuckles as they gripped one another but I couldn't. It wasn't tight enough.'

Slowly over the next few days I came to understand the appeal to James of this somewhat unusual assignment—to coach Rovigo in the Italian championship.

'Italian players are serious, but only up to a point,' James said one night as we sat and talked after dinner. He was smoking and drinking a gin and tonic. 'There is a commitment by Italian players but it is not total. There is something of the amateur spirit about them that reminds me of the pre-coaching days at home.' His biggest problem, he said, had been to blend his own Celtic approach with the less disciplined, more bravura Italian temperament. He found, to his surprise, that the Rovigo players used to eat a meal an hour or two before the kick off. He stopped that and he banned the drinking of wine before matches, another commonplace habit.

He was slowly succeeding in quietening the normally talkative and demonstrative Italians.

> They are gentle people who burst into emotion much more easily than our players back home. They love the instant comment, the shrug of the shoulders, the volley of words. Their volatile temperamant has to be curbed. Perhaps I am doing them an injustice by not allowing them to talk but I feel that discipline is far more important. In training *I* am deliberately quiet because I want *them* to be quiet as well.

I thought that James looked at home in Italy. He seemed comfortable and relaxed. The week before my visit he had

127

gone to see 'La Boheme' and he was reading more than at anytime in the previous years: Colin Cowdrey's autobiography, *Inside No 10* by Marcia Williams, a book of three contemporary plays including Samuel Becket's *Happy Days*. It was as therapeutic for James to talk rugby with Richards as it was for him to question his guest closely about novels and writers. They talked about Ford Madox Ford, about Thomas Wolfe, about John dos Passos. In this creative atmosphere James worked well for a couple of hours each day on both a book about how nations expressed themselves in their rugby and on a diary he was keeping. It was significant, I felt, that he hadn't had a telephone installed in his flat and had no intention of doing so either.

At the week-end I left to fly back to London. Our last lunch together was on the Sunday, a lengthy, noisy affair that dragged on and on until I felt sure that I was going to miss my plane. He had no instructions for me other than to take the autostrada towards Venice and watch out for the airport signs. As we said goodbye, he summed it all up for me with that writer's gift for clarity that he so clearly had.

'The enthusiasm of the Italians gets to you,' he said, as I was about to climb into my car. 'I came out with a theoretical missionary zeal. But now I'm here I have found that it has become a practical one too.'

Y CYMRO CYFAN

Huw Llywelyn Davies

Eistedd yn y stiwdio fach ym Mharis roedden ni ganol dydd ddydd Sadwrn. Potel fawr o lemonêd ar ganol y ford fach gron, ambell un o'r criw o bump oedd yn eistedd o gwmpas â'r gwddwg braidd yn sych ar ôl y noson cynt. Edrych ymlaen at y gêm fawr ar Parc des Princes yn y prynhawn oedd y bwriad—yr enillwyr, naill ai Cymru neu Ffrainc, yn mynd i gipio'r Bencampwriaeth am y tymor. Yr hyn a synnodd pawb oedd fod 'na gymaint o wahaniaeth barn yn cael ei fynegi. Yr un gêm yr oedden ni i gyd yn edrych mlân ati medde rhywun, siwd felly y galle ambell un fod mor hyderus ynglŷn â gobeithion Cymru tra bod eraill mor ddigalon. Pwysodd Carwyn mlân at y meic, tynnu pwff bach arall ar y 'Players' ac yna, yn ei ffordd bwyllog hamddenol, fe gawson ni berl bach:

'Drychwch ar y botel lemonêd 'na,' medde fe. 'Un botel sy 'na. Bydde optimist yn dweud ei bod hi'n hanner llawn, ond y pesimist ei bod hi'n hanner gwag.' Ishte 'nôl wedyn, pwff bach arall, a phawb wedi ei fodloni, a chywirdeb syml y gymhariaeth yn amlwg i bawb.

A dyna chi fawredd Carwyn fel darlledwr ar chwaraeon. Rhyw sylw bach annisgwyl, agos-atoch-chi, yn gwneud y sgwrs yn ddiddorol i bawb, i'r lleygwr yn ogystal â'r arbenigwr rygbi. A hynny oddi wrth ŵr allai werthfawrogi a dadansoddi gêm gymhleth yn well na neb. Go brin fod 'na feddwl mwy treiddgar wedi bod erioed yn y cyswllt hwnnw, ond gallai godi'r trafod o'r lefel ddadansoddol yn unig gyda'i hiwmor a'i gynhesrwydd.

Yr hyn a gyfoethogai'r sgwrs hefyd wrth gwrs oedd ei fod yn feistr ar gymaint o wahanol feysydd, ond eto gallai asio'r cwbwl gyda'i gilydd yn un athrylith fawr. Y beirniad llenyddol a'r hyfforddwr rygbi ddaeth at ei gilydd un tro wrth iddo egluro'r gwahaniaeth rhwng dau faswr . . . y naill, medde fe, fel y bardd rhamantaidd, yn gyffrous ac annisgybledig, y llall fel y bardd clasurol . . . yn llawer mwy sicr a chywir ei gêm.

Yr un ddawn oedd ar waith hefyd wrth dddadansoddi gêm i'r radio neu'r teledu ag wrth ddadansoddi cerdd. Yr un

129

treiddgarwch, a'r gallu i ddod o hyd i rywbeth nad oedd neb arall wedi sylwi arno. Edrychai ar gêm mewn ffordd gwbwl wahanol i bawb; bydde dyn yn cael persbectif gwahanol ar y gêm wrth wrando arno'n traethu. Yn aml iawn, anghofiai'n llwyr am y gêm fel y cyfryw a chanolbwyntio ar un agwedd neu un chwaraewr, a hynny yn ei wneud yn unigryw ymhlith ein darlledwyr.

Roedd yn un o arloeswyr darlledu ar chwaraeon yn Gymraeg. Bu'n cynorthwyo'r criw diwyd a fu wrthi'n dechre bathu termau rygbi newydd i'r iaith, ac yna pan sefydlwyd rhaglen wythnosol reolaidd 'Y Maes Chwarae' ar y radio, roedd yn gyfrannwr cyson gyda'r ddau hen ffefryn, Jac Elwyn Watkins a Llew Rees yn y ddadl rygbi fywiog. Mae gen i gof am Carwyn yn dweud unwaith siwd yr arweiniodd bathu term Cymraeg newydd at gais gwefreiddiol i Lanelli ar y Strade un tro. Roedd 'na gylch trafod yng Ngholeg y Drindod ar y nos Wener, a rhywun yn sôn nad oedd 'na'r un term ar gael ar gyfer y 'Reverse Pass'—y bas y tu ôl i'r cefn. Carwyn gynigiodd 'pas wrthol' ac fe'i derbyniwyd. Y noson ganlynol roedd fy nhad i fod i roi adroddiad radio ar gêm Llanelli yn y prynhawn, a phenderfynwyd ar y nos Wener y byddai'n rhaid creu'r cyfle i ddefnyddio'r term newydd ar unwaith. Ac fe wnaethpwyd hynny. Carwyn, ychydig cyn hanner amser yn rhedeg ar draws y maes, y bas wrthol y tu ôl idd'i gefn i Ken Jones, a'r canolwr disglair drwodd fel cyllell o dan y pyst. Carwyn yn rhedeg 'nôl yn fodlon o flaen lloc y wasg a'i fys bawd yn yr awyr, 'nhad yn tynnu'i bîb o'i geg i roi gwên fach, y dorf wrth ei bodd, a'r 'bas wrthol' wedi cyrraedd—y term newydd yn cael ei fedyddio'n swyddogol ar y radio'r noson honno, a Charwyn y tro hwn wedi gwneud cyfraniad ar y maes i ddatblygiad darlledu Cymraeg ar chwaraeon.

Ymboenai'n fawr hefyd am safon a chywirdeb iaith wrth ddarlledu. Yn sicr roedd yn un o warchodwyr Cymraeg cywir, rhywiog o fewn i goridorau'r B.B.C. Fwy nag unwaith fe fydden ni, bois yr Adran Chwaraeon, yn cael y cyfle i weld yr ysgolhaig a'r athro ynddo yn dod i'r golwg. Bob amser roedd e'n barod â gair bach tawel o gyngor am safon iaith, ac fe gafwyd aml i seiat ddiddorol wrth drafod un gair falle, neu un cymal o adroddiad neu sylwebaeth.

Roedd wrth ei fodd yn y sesiynau yma, ac adlewyrchid hynny yn ei ddarlledu—ymdrechai bob tro i ddod o hyd i'r un gair cywir i fynegi ei syniadau a'i deimladau.

Ond peidied neb â meddwl fod hynny wedi dodi Carwyn yn nhraddodiad y bardd clasurol. Y rhamantydd annisgybledig oedd amylca yn ei gyfraniadau. Gŵr di-drefn oedd e'n gyffredinol o ran natur: dyna pam y gwnaethpwyd cam mawr â'i ddawn pan ymunodd â'r B.B.C. yn llawn amser am y tro cynta ar ôl iddo ddod 'nôl o'r Eidal ganol y saithdegau. Hwnnw oedd cyfnod ehangu Radio Cymru a Radio Wales, ac yn sgîl hynny datblygodd yn un o'r gohebyddion chwaraeon cynta ar y radio yng Nghymru. Fe, felly fyddai'n cyflwyno pecyn o adroddiadau.

Golygai hefyd fod gofyn iddo godi'n blygeiniol er mwyn paratoi'r gwaith hwnnw cyn mynd at y Bwrdd Brecwast Cynnar i'w gyflwyno. Bydde unrhyw un a'i gwelodd yn diflannu i'r lifft a'i grys heb ei gau a'i dei dros ei war rhyw bum munud cyn amser y darllediad yn gwybod nad trefnu na chodi'n fore oedd ei gryfder. Cyfrannwr ac awdur syniadau oedd Carwyn, nid cyflwynydd ffeithiau ac adroddiadau.

Roedd hefyd yn holwr penigamp—sgwrsiwr, falle yn well gair i ddisgrifio'i arddull. Ei gyngor i ni bob tro oedd taw un cwestiwn yn unig y dylid ei baratoi cyn bwrw i mewn i sgwrs —y cwestiwn cynta oedd hwnnw, a dylai'r gweddill dyfu'n naturiol o'r atebion. Gwnaeth sawl adran ddefnydd o'r ddawn honno oedd ganddo, oherwydd nid chwaraeon wrth gwrs oedd unig faes darlledu Carwyn o bell ffordd. Selwyn Roderick oedd un o'r rhai cyntaf i gynhyrchu rhaglenni teledu Cymraeg pan oedd Carwyn yn dal yn athro yng Ngholeg Llanymddyfri. Tystiolaeth Selwyn oedd fod Carwyn yn wrandawr arbennig, a bod ganddo'r gallu hwnnw i wneud i bobl gymharol swil deimlo'n gyfforddus a chartrefol wrth siarad â nhw, y ddawn a ddefnyddiwyd yn y gyfres 'Wrth fynd heibio'—un o'r rhaglenni cynta yn Gymraeg a wnaethpwyd gydag uned ddarlledu allanol. 'Cyflwynydd' oedd teitl swyddogol Carwyn ar raglen a âi ag e i wahanol lefydd diddorol bob wythnos i gwrdd â'r bobl. Daeth un o Ysbyty Madam Patti yng Nghraig y Nos, un arall o ysgol Dr. Williams, Dolgellau, un arall eto, a hyn yn

131

rhyfedd o bosibl i heddychwr, o sefydliad y fyddin yng Nghrucywel.

Cofir hefyd am raglen arbennig a wnaeth yn darlunio effeithiau erchyll clefyd y llwch ar yr hen goliers. I'w bentre yng Nghefneithin yr aeth e am y rhaglen honno, a'r rhaglen yn agos iawn at ei galon e gan ei fod yn fab i löwr a ddioddefodd.

Mae gan eraill gof am gyfweliad arbennig yn y cyfnod hwnnw rhwng Carwyn a'r annwyl D. J. Williams, Abergwaun. Unwaith eto'r gwrandawr deallus yn peri i'r gwestai deimlo'n gwbwl gartrefol, ac fe arllwysodd D.J. ei holl galon yn ôl y sôn am ddigwyddiadau un naw tri saith a llosgi'r ysgol fomio.

Dyna i chi athrylith Carwyn. Ambell gyfraniad o bryd i'w gilydd yn cyrraedd yr uchelfannau, yn wefreiddiol—nid y darlledwr trefnus, disgybledig oedd bob amser yn gyson ei safon. Dyna pam, mae'n debyg, taw darnau sy'n sefyll yn y cof fwyaf—un dadansoddiad, un sgwrs, yn hytrach na rhaglenni cyfan neu gyfresi o'i eiddo.

Cafodd ddigon o gyfle i ddarlledu mewn sawl maes gwahanol pan adawodd ei yrfa academaidd ddiwedd y chwedegau. Ceisiodd sawl cynhyrchydd fanteisio ar ei bresenoldeb a'i gamddefnyddio ar brydiau hefyd heb wneud tegwch â'i ddawn. Edrychai yn anghyfforddus ambell waith pan wnaed hynny oherwydd, yn ddigon rhyfedd i ddarlledwr mor brofiadol, doedd e ddim yn berfformiwr wrth reddf. Doedd e ddim yn gymeriad allblyg o gwbl ac mae'r nodwedd honno fel arfer yn rhan annatod o gyfansoddiad y darlledwr. Y criw bach tawel oedd ei griw e, nid y gynulleidfa fawr.

Gwir dweud taw'r ddau faes yr oedd e fwya cyfforddus ynddyn nhw oedd y Maes Chwarae a Maes yr Eisteddfod. Roedd wrth ei fodd yn cyfrannu at raglenni sylweddol a llenyddol, a'r rhaglenni hynny'n elwa o'i bresenoldeb e. Go brin iddo wneud dim byd yn well erioed na'i gyfraniadau i 'Tocyn Wythnos' adeg y Steddfod, yn enwedig Steddfod Aberteifi pan oedd e fwy neu lai wrth y llyw. Cafodd y cyhoedd y cyfle i weld bryd hynny yr hyn yr oedd cenhedlaeth o fyfyrwyr Coleg Llanymddyfri a Choleg y Drindod wedi bod yn ymwybodol iawn ohono ers blynyddoedd—y

ffaith fod Carwyn yn feirniad llenyddol eithriadol o dreidd-
gar, ac nad oedd dim a rôi fwy o bleser iddo nag ymgolli'n
llwyr ym myd y celfyddydau.

Ysai bob amser am gael gwneud mwy o'r gwaith hwnnw
hyd yn oed yn y cyfnod diweddar. Er cystal oedd ei gyfran-
iadau ar rygbi, rwy'n siwr ei fod e'n teimlo ar brydiau fod
rhywbeth gwag yn hynny, ac nad oedd y gwaith yn ddigon
sylweddol i'w fodloni'n llwyr. Rwy i'n rhyw led-amau ei fod
wedi danto rhywfaint ar y gêm ei hunan hyd yn oed. Doedd
braidd neb yn ei chwarae yn y modd y dymunai ef ei weld, a
synnwn i fawr na chafodd e fwy o bleser ac o foddhad yn y
flwyddyn ola yn sylwebu ar snwcer a chriced, dwy gêm
oedd yn agos iawn at ei galon.

Ond er mor amryddawn oedd, ac er cystal ei gyfraniadau
mewn cymaint o feysydd gwahanol, yn y Gymraeg a'r
Saesneg, y sylwebydd rygbi a gollir fwya, yn enwedig gen-
nym ni'r Cymry. Fe oedd y gŵr a roes hygrededd a safon i'r
trafodaethau Cymraeg ar y gêm. Alle neb wfftio'r cynnyrch
â Carwyn yn chwarae rhan mor amlwg. Barn Carwyn oedd
yr un yr oedd pawb yn aros amdani—mewn unrhyw iaith—
cyn teimlo fod y drafodaeth ar unrhyw gêm yn gyflawn. Ac
er cystal yw ymdrechion y bechgyn a ddaeth i gymryd ei le
ar 'Maes Chwarae' a 'Byd y Bêl' gwaith amhosibl yw llenwi'r
bwlch. Cyfuniad unigryw oedd cael darlledwr proffesiynol
mor gadarn ei ymroddiad i'r iaith Gymraeg, ond a gafodd ei
gydnabod ledled y byd hefyd yn hyfforddwr a meddyliwr
rygbi praffa'i gyfnod.

DIACON Y SEDD GEFN

Eifion Lewis

Clywais ei enw gyntaf pan own yn ddisgybl yn Ysgol Sir Aberteifi, yn y pedwardegau. Byddai tîm rygbi'r ysgol yn chwarae yn erbyn timau ysgolion Sir Aberteifi, Sir Benfro a Sir Gaerfyrddin ond y tîm a ofnid fwyaf oedd un Ysgol Ramadeg y Gwendraeth, a hynny am fod Carwyn James yn un o'i chwaraewyr. Byddai holl siarad y bechgyn am ddyddiau cyn y gêm yn troi o gwmpas y chwaraewr peryglus hwn. Ni freuddwydiais yr adeg honno y byddem fel teulu, ymhen rhai blynyddoedd, yn byw o fewn ychydig lathenni i gartref Carwyn yng Nghefneithin, a'r cyfeillgarwch rhyngom fel teuluoedd yn tyfu'n un agos a chyfoethog.

Ym 1953, pan dderbyniodd fy nhad, Morley Lewis, alwad i fod yn weinidog y Tabernacl, Cefneithin, y cyfarfûm â Charwyn am y tro cyntaf a chael yr un a barai gymaint o bryder i fechgyn Ysgol Aberteifi yn ŵr ifanc hynaws ac yn un o ffyddloniaid y Tabernacl. Bu rhieni Carwyn yn hynod o ffyddlon i'w heglwys a chodwyd eu pedwar plentyn i rodio llwybr y cysegr—llwybr na throdd yr un ohonynt oddi arno.

Adroddir am Carwyn, pan oedd tua wyth mlwydd oed, yn achosi tipyn o bryder ar yr aelwyd pan na ddychwelodd adref ar ôl bod yn chwarae ar barc y pentref. Ofer fu'r chwilio amdano ond fe'i gwelwyd maes o law yn dod i fyny'r heol gyda'r gweinidog, y Parchedig Llewelyn Jones, a thipyn o fwd y parc yn dal i lynu wrth ei ddillad: roedd wedi croesi o'r parc i'r festri i'r cwrdd gweddi. Cydnabu ei ddyled i gyfarfodydd yr wythnos ynghyd ag oedfaon y Sul a'r ysgol Sul gydol ei oes.

Derbyniwyd Carwyn yn aelod cyflawn o eglwys y Tabernacl ym 1946 ac ym 1955 fe'i hetholwyd yn ddiacon ac Ysgrifennydd Gohebol yr eglwys—swydd a lanwodd hyd 1978. Meddai ar lais canu swynol ac roedd wrth ei fodd yn ymuno â'r tenoriaid ar yr oriel mewn ysgol gân a chymanfa.

Er ei fod yn ddiacon, nid eisteddai Carwyn yn y gadair fawr; gwell ganddo bob amser oedd eistedd yn un o'r seddau cefn ac roedd yn wrandawr eiddgar. Cofiaf iddo ddweud, pan oedd yn athro ysgol, mor anodd oedd ceisio dysgu bechgyn nad oedd unrhyw awydd dysgu arnynt. Roedd hi'n amlwg wrth ei osgo mewn oedfa fod Carwyn yn cael blas ar wrando'r Gair yn cael ei gyhoeddi a'i fod yn awyddus i ddysgu mwy am Grist a'i Deyrnas. Pwysai ymlaen wrth wrando â'i law ar ei ên, ac wedi'r oedfa byddai'n awyddus i drafod rhyw bwyntiau a godwyd yn y bregeth. Byddai'n aml yn cyfeirio at bregethau a glywsai a châi pob pregethwr air o werthfawrogiad ganddo.

Roedd gan Carwyn barch mawr tuag at y weinidogaeth a chlywid ef, mewn anerchiad a sgwrs radio a theledu, yn canmol a chydnabod ei ddyled i weinidogion y Tabernacl. Parhaodd y cyfeillgarwch rhyngddo a 'nhad dros gyfnod maith a deuai i'r Mans yn gyson i rannu ei brofiadau. Rhai difyr iawn oedd yr oriau hynny, llawn o dynnu coes a bwrlwm chwerthin Carwyn yn llanw'r ystafell. Cyn iddo ddysgu gyrru, byddai 'nhad yn ei hebrwng i'r Strade ar gyfer sesiwn ymarfer neu i gêm, a chofiaf amdanynt yn mynd ryw noson yn syth o'r cwrdd gweddi i bwyllgor ar y Strade.

Ni fyddai'n anghofio'r Tabernacl na'i weinidog ar ei deithiau mynych a deuai cardiau post o Rwsia, Seland Newydd a'r Eidal i'r Mans. Derbyniodd fy nhad alwad ar y ffôn oddi wrtho pan oedd ar y daith gofiadwy honno i Seland Newydd ym 1971—gofidiai am ei fod wedi anghofio llanw rhyw Sul yn y Tabernacl. Gwariodd bunnoedd lawer wrth drefnu i weinidogion ddod i wasanaethu yn y Tabernacl, ond ni dderbyniodd yr un ddimai goch o dreuliau ar hyd y blynyddoedd. Ni chyfrannodd neb gymaint ag ef i drysorfa'r eglwys ac âi yn ddwfn i'w boced i gynorthwyo pob achos da.

Siaradodd ar ran eglwys y Tabernacl yng nghyfarfodydd Elfed, fy mrawd, yn Llanfyllin, a'm rhai innau yng Ngharwe gan fawrhau'r fraint o gynrychioli'r eglwys a mynegi ei barch dwfn tuag at y weinidogaeth Gristnogol.

Carwyn oedd yn gyfrifol am nodiadau'r swyddogion ar ddechrau Adroddiad Blynyddol y Tabernacl. Byddai'n llawenhau am fod cystal graen ar bob adran o'r eglwys; cynifer â chant o blant yn yr Ysgol Sul a phob un ohonynt yn Gymry Cymraeg a'r ieuenctid yn lluosog yn yr oedfaon, ond yn Adroddiad 1967 mae'n atgoffa ei gyd-aelodau mai

135

eglwys wan yw'r un blwyfol, gyfyng ei gorwelion. Geilw'n gyson ar aelodau'r Tabernacl i gofio'u dyletswyddau tuag at y newynog, y ffoaduriaid a'r rhai sy'n dioddef oherwydd rhyfeloedd. Dyheai am ddiffodd pob terfysg ac ar i bobl gofio'r wireb Gristnogol: 'Gwyn eu byd y tangnefeddwyr.' Pryderai'n fawr am Gymru, 'Y winllan wen a roed i'n gofal ni', ac am gyflwr yr Eglwys yn ein gwlad yng nghanol difaterwch a materoldeb ein cyfnod, a gweddïai'n gyson am 'yr awel oddi fry' i'w bywhau.

Yn ei gyfrol *Eglwys Annibynnol Y Tabernacl, Cefneithin* dywed Eifion George:

> Yn ddiau, Carwyn James yw ysgrifennydd mwyaf enwog unrhyw eglwys Gymreig ar hyn o bryd . . . Yn y festri a'r capel, y cafodd Carwyn y cyfle cyntaf i feithrin ei ddoniau meddyliol, i siarad yn gyhoeddus ac i baratoi ei hun ar gyfer gwasanaethu'r gymdeithas y mae ef yn rhan ohoni. Heb os nac oni bai, dylanwad ei gartref crefyddol a'r 'cwmwl tystion' yn y Tabernacl a roes sylfaen gadarn Gristnogol i'w gymeriad a'i ysbryd annibynnol.

Cyfeiria Mr George hefyd at yr hyn a ysgrifennwyd am Carwyn gan fy nhad yn *Nhywysydd y Plant* ym mis Mawrth 1959:

> Fe'i perchir gan bawb a'i hedwyn yn rhinwedd ei gymeriad glân a'i ysbryd diymhongar. Braint yw cael bod yn weinidog arno a rhannu'n gyson o'i gwmni diddan a'i ysbryd iach. Gwn ei fod yn enw teuluaidd ac yn arwr i lu o ieuenctid; cofiwn oll mai i'r Arglwydd Iesu Grist y mae ei deyrngarwch pennaf a pharod yw i arwain gwasanaeth a mynegi'n glir ei dystiolaeth o blaid ei Feistr.

Gwelais Carwyn am y tro olaf mewn oedfa i ddadorchuddio cofeb i 'nhad: roedd yntau'n un o'r siaradwyr yn y Tabernacl y noson honno. Pan ymwelais â'r Tabernacl y tro nesaf, roeddwn yno yng nghwrdd coffa Carwyn ei hun. Teithiodd y crwt a groesodd o'r parc i'r oedfa weddi ymhell o Gefneithin ond nid anghofiodd ei bentref genedigol na'i hoff Dabernacl. Derbyniodd anrhydeddau niferus ond gwn mai'r anrhydedd fwyaf iddo oedd bod yn aelod o eglwys yr Arglwydd Iesu Grist ac yn ddisgybl i'r un sy'n Arglwydd Bywyd a Marwolaeth.

YN FFYDDLON I GYMRU, I GYD-DDYN AC I GRIST

Stella Treharne

Ers y tridegau trefnwyd gweithgareddau'r Urdd yng Nghylch y Mynydd Mawr, a diau mai trwyddynt hwy y daeth Carwyn James a'i gyfoedwyr i gysylltiad ag Urdd Gobaith Cymru. Roedd W. J. Jones, prifathro Ysgol Cefneithin yn un o'r athrawon gweithgar oedd yn gyfrifol am drefnu gweithgarwch yr Urdd o fewn y cylch.

Ymhen blynyddoedd, wedi dychwelyd i ddysgu yn Ysgol Ramadeg Caerfyrddin, roedd yn byw yng Nghefneithin, a dyma'r cyfnod y bu i ieuenctid bywiog y Cefen ei dynnu i mewn i'w harwain.

Newydd ddod yn weinidog i'r Tabernacl yr oedd y Parchedig Morley Lewis, a weithredai fel cadeirydd Aelwyd yr Urdd yno; Elfed Lewys (y canwr gwerin adnabyddus), mab y mans yn ysgrifennydd; a Carwyn, yn naturiol, yn arweinydd. Cyfarfyddent yn yr ysgol leol ar nos Wener.

I un oedd yn deall gwerth diwylliant yn ogystal ag adloniant, rhaid oedd i'r Aelwyd lwyddo o'i chychwyn. Eisoes yr oedd yr arweinydd yn eilun ym mhob chwarae, boed ar gae neu wrth y bwrdd snwcer a buan yr ymdaflodd yr aelodau i weithgarwch a hwyl yr Urdd. Ychydig o Aelwydydd oedd o fewn y sir—rhai fel Llanelli, Bancffosfelen, Yr Hendy, Felinfoel a Phontyberem, ac felly, yr oedd cymdeithasu â'r canghennau eraill yn fwynhad digymysg, a'r nosweithiau yn 'llawen' beth bynnag fyddai testun y cyfarfyddiad.

Gwelwyd yr Aelwyd yn cystadlu mewn Eisteddfodau Cylch a Sir ac yn rhai o Eisteddfodau Cenedlaethol yr Urdd megis Abertridwr ym 1955. Rhoddodd yr arweinydd ysbrydiaeth i eraill i gynorthwyo'r Aelwyd a chofiwn y côr o dan arweiniad Mr Lloyd Morgan. Dyma'r adeg y chwaraeai Carwyn i dîm Llanelli ac er iddo ymarfer yn gyson â'r bêl hirgron, rhoddodd dipyn o'i hamdden er lles ieuenctid yr ardal weithfaol a garai gymaint.

Bu'n gwersylla wrth reswm yn Llangrannog lle bu'n hyfforddwr ar y cae, yn feirniad mewn Eisteddfod, arweinydd gweithgareddau dan do, ac yn dynnwr coes di-ail.

Swyddog amryddawn oedd, ar wahân i'r 'sgwadio' cyson a ddeuai i'w ran! Mae coffa da amdano gan wersyllwyr gafodd y profiad o glywed ei feirniadaeth mewn Eisteddfod Gwersyll rywdro pan gadwodd y plant a'r swyddogion i chwerthin am hydoedd gyda'i feirniadaeth ddoniol a phigog bob yn ail.

Tua chanol y pumdegau symudodd i fod yn Athro Cymraeg yng Ngholeg Llanymddyfri. Dyma'r adeg y daeth partïon cydadrodd a chanu o'r Coleg i lwyfannau'r Eisteddfodau Sir am y tro cyntaf. Cynhelid gêmau rygbi arbennig ar y Sadyrnau hynny yn ddieithriad. Cwynai arweinyddion a garai wylio'r chwarae ar gae'r Strade yn aml am hyn, ond deuai bechgyn y Coleg yn ddiffwdan, a galwai eu hyfforddwr amdanynt wrth ddychwelyd o'r gêm. Cafodd gydweithrediad parod ei gyd-athrawon a bu cystadlu droeon ar ddramâu oddi yno. Cofiwn am y ddisgyblaeth gynnil a'r hwyl a gawsai'r bechgyn.

'. . . eilyn bach a mawr' yng Ngwersyll yr Urdd yn Llangrannog.

Bu llawer o alw am ei wasanaeth yng nghylchoedd yr Urdd yn sirol ac yn genedlaethol fel beirniad neu lywydd, ond cofiwn yn arbennig am ei waith arloesol yn y pump a'r chwedegau. Rhoddodd o'i amser i ddiwyllio eraill o ganol ei fywyd llawn, heb nacáu i neb, na chyfri'r gost. I aelodau'r Urdd yr oedd yn ymgorfforiad o'r addewid driphlyg i fod yn ffyddlon i Gymru, Cyd-ddyn a Christ.

UN FACH . . . GLOI!

Reg Jones

I mi, chwaraewr criced yn nhraddodiad yr hen amaturiaid oedd Carwyn, hynny yw, chwaraeai er mwyn pleser a mwynhad yn bennaf. Credaf fod yn well ganddo weld y goreuon yn chwarae na throi allan ei hunan.

Er bod ganddo'r doniau anhepgor sydd yn elfennol i bob cricedwr da, sef dwylo saff, llygaid llym, traed ysgafn a chwim, a braich gref, doedd ganddo mo'r awydd na'r diddordeb mewn chwarae'n gyson bob Sadwrn dros yr un clwb. O ganlyniad, achlysurol oedd ei gysylltiad â chriced er iddo fod yn aelod o Glwb Crwydriaid Sir Gâr am tuag ugain mlynedd. Teimlai fod clybiau Cynghrair De Cymru yn rhy awyddus i ennill, ac wrth ganolbwyntio ar y gystadleuaeth, roeddynt yn colli'r sbri. Iddo ef, sbri cyfeillgarwch a difyrrwch oedd hanfod y gêm.

Roedd yn alluog ym mhob agwedd o'r chwarae; fel bowliwr cymharol gyflym, arferai gymryd rhediad bywiog o ryw ugain llath at y wiced . . . ac wrth ystyried nad oedd e fyth yn poeni ymarfer, roedd yn effeithiol iawn. Ei hoff safle fel maeswr oedd wrth ymyl y ffin lle gallai garlamu nerth ei draed at y bêl, ei chodi, a'i thaflu fel bwled at y wiced-geidwad . . . ac yna, troi at un o'r gwylwyr i sgwrsio am rygbi! Fel batiwr, ni allai ddioddef aros wrth y wiced a gweld y chwarae yn llusgo. Yn hytrach, hoffai ddawnsio lawr y llain a tharo'r bêl yn galed tuag at y ffin. Un o'i gampau direidus wrth fatio oedd rhedeg rhediad fer: bwrw'r bêl yn dawel tua'r maeswr gan weiddi'n sydyn:

'Un fach . . . gloi', a rhedeg fel y cythraul am y wiced, gan chwerthin fel crwtyn tra bod ei gyd-fatiwr yn crafu i mewn.

Er mai agwedd gweddol ysgafn oedd ganddo tuag at ei chwarae ei hunan, roedd yn frwdfrydig dros y gêm yn gyffredinol. Yn aml ar brynhawn haf, mynychai naill ai faes San Helen neu Erddi Sophia i weld Morgannwg yn chwarae. Edmygai'r enwog Majid Khan yn fawr, gan werthfawrogi'n arbennig ei arddull hawdd ac ystwyth wrth fatio.

Nodais mai cyfeillgarwch a sbri oedd yn bwysig iddo wrth chwarae criced, ac yn sicr, fe gafodd hyn yng nghwmni'r cricedwyr a'u gwragedd, yn arbennig pan oeddynt ar daith. Anaml y methai daith ac un tro dychwelodd o'i wyliau yn Rwsia er mwyn ymuno â'r Crwydriaid ar gyfer taith yng Nghaint. Mae gan lawer o Saeson ryw syniad nad oes fawr o glem 'da ni'r Cymry wrth chwarae criced, a 'chafodd Carwyn ddim gwell hwyl ar daith nag wrth ddangos yn ddiamau ein bod ni'n gallu chwarae rhywfaint! Roedd e hefyd yn dwlu arwain y canu ar ôl y gêm. Un o'r atgofion gorau sydd gennyf yw bod yn aelod o 'gôr' o ryw ugain yn canu 'I bob un sy'n ffyddlon' pan lwyddon ni i atal trafnidiaeth tu allan i'r dafarn gyda'n canu, a gweld Carwyn yn eistedd 'nôl yn y cefndir—gwên fach dawel ar ei wyneb.

Anodd dweud pa safon y buasai Carwyn wedi ei chyrraedd ym myd criced petai ei gefndir a'i sgolia wedi bod yng Nghaerloyw yn hytrach na Chefneithin. Mae'n siwr y buasai ei ddylanwad lawn mor amlwg ac ysgytwol ag y mae wedi bod ar fyd rygbi.

CARWYN
Alun Richards

For once, the newspapers and the banner headlines got it right. PRINCE OF COACHES DIES, WALES STUNNED BY COACHING MAESTRO'S DEATH. Obituary: MR CARWYN JAMES, LEADING FIGURE IN BRITISH RUGBY.

Strangely enough, the word Mister was applied to him less often than to any human being I have ever met, and in the days after the awful news, it occurred to me that this was perhaps the most important fact about him. To club doormen, taxi-drivers, groundsmen, the high and mighty in the President's box or the thousands on the terraces in rugby grounds all over the world, he was simply Carwyn. Just that. Even the funeral notice announced: Carwyn: Funeral Monday.

There were golden qualities about him, both private and public. He was the most approachable of men, uniquely devoid of consciousness of rank or title, without side or pretence, a rare South Walian trait that made him at once loved and at the same time especially vulnerable to those who wanted, not so much to listen to him, as to forcibly express their own opinions. These he avoided when he decently could and when he walked into a room a way cleared, not because of a sense of awe for he was the mildest of celebrities; but because those who knew him however slightly, immediately warmed to him.

There was something there, buried beneath that quizzical countenance which caused a reciprocal current, a divine spark that ignited fellow feeling in a way that was quite uncanny. His very presence enlarged a moment. Sometimes he seemed to be able to make people grow on the spot. He left you better off for having met him. You mattered to him, you alone and you in particular, this was his rare gift, the conveyance of a special Carwyn empathy, and he did it by listening, nodding, understanding, a rare feminine quality in an often brash, combative masculine world.

Many famous Welshmen are rightly known for rhetoric, the forensic command of language that ignites those

142

bonded in common cause, but he would have none of this, never raised his voice and listened far more than he spoke. If there is any one phrase to describe him in company, it is his persistent unobtrusiveness. He never pushed, and yet, at times, he was everywhere, always with this charisma that left you with the feeling of uplift, which was the hall-mark of the most princely of his gifts—friendship. You never saw him without the feeling that he was glad to see you, that, no matter how unexpected the encounter, he had arrived especially to lighten your day.

When he smiled it was with his whole face, often nodding intently as if the smile was not enough, hurrying forward, a cigarette never far away, often a glass in hand for he was the most convivial of men. And that was the physical pres-ence, his figure rounded of late, suit a little crumpled, sometimes lacking a belt, perhaps a remote Queensland rugby club tie, and shirt unbuttoned. It was very English to be absolutely impeccable.

This was the physical presence, the smile and gaze so genuine that you learned to ignore the manifestations of the painful and incurable skin disease which haunted him day and night so much so that he decided to ignore it and became unembarrassed himself—the only cure he knew. All this was why we all felt his passing so deeply, almost all his friends in precisely the same way, for what we had lost was the instigator and agent of a better reflection of ourselves, this another of the Carwyn gifts as catalyst. Quite simply, he brought the best out in people. This was his forte, especially with young people for they have a more direct way of knowing who is genuinely interested in them and who is not.

For so many of them, he was a man who always found the time. Trains, buses, flights, could wait. What was more important than the person in front of you? So . . . on veg-etable-garden cricket patches, street corners and odd play-grounds, the dustbin cricketer who would bowl leg breaks by the hour to ten-year olds was another man with another ambience, to say nothing of rugby's Father Christmas who distributed international tickets, ties, trinkets, even track

143

suits like sweets. Any other man would have had a lot of explaining to do, but not Carwyn. Certainly not Carwyn!

It was this man who was mourned in Wales, not just the rugby academic who brought thought to bear upon individuals before they formed part of a group, the essence of his coaching technique. We did not mourn the first of the British Lions' coaches to succeed in New Zealand, or the Llanelli coach, any more, I suspect, than did the Lions or the Llanelli players, but the man whose qualities spoke to us person to person, standing eye to eye, the role he filled equally in all our lives.

These are the very special qualities of a very special man, but he was also an enigma, more of a wayward artist than any of the job descriptions that went with his career as teacher or broadcaster. He was a miner's son who once took up the cudgels against the Coal Board on behalf of his silicotic father; a rugby coach who went at it like an obsessed philosopher; a *bon viveur* for whom asparagus was the only really edible vegetable; a principal feeder of persons who sat next to him at dinners and functions across the world—he had a special fly half's sleight of hand for wrapping and passing half a steak under the table cloth!—and above all, a champion and unpredictable daytime sleeper. He was also a marathon smoker of repute and when not looked after by his sister Gwen, he gathered ash, unwashed glasses and debris around him like a walking Vesuvius.

Abroad in Italy where I got to know him best, you could not get into his room because he filed the jackets of suits, sports coats, dressing gowns on the edge of the door while trousers blossomed like plants in the window. There were always letters, opened and unopened, rugby programmes and the currencies of all the rugby playing countries in the world decorating the floor, together with old cheques, usually uncashed, as well as the four or five books he was reading simultaneously.

He cared not a jot for *things*. Possessions were meaningless and a nuisance. When it suited him, he left suitcases where they fell, dotted about the world.

And yet, for all this, he was a deeply serious man and, in many ways, his rugby career was a relaxation that became

144

a profession because he had failed as a politician who wanted to change the way we in Wales live now. He never wavered in his nationalism. No matter what the argument, or the time of night, he would quote you the poet Gwenallt, bidding you remember that you cannot care for the nations of the world until first you learn to care for your own. And caring in politics meant obtaining power. He wouldn't let you forget that either.

He was a critic too, of course, in private as well as in public, and I can hear his voice now. 'This is turning into a weepie, Richards!'

Well, not quite. Not yet. We had a mutual hobby, collecting malicious sentences, the sentences most calculated to offend. His favourite was one I'd heard in the Royal Navy in which we both served, after a fashion.

There's something in what you say, and no doubt you have your contribution to make, however small.

He liked that. It made him laugh aloud, largely, I suspect because it was the antithesis of himself. There was a wickedness in him that liked to destroy pomposity. He loved to escape from the things he was supposed to be interested in, which was when I saw him most. He was also, of course, a scream, the only man I ever knew who fell asleep on the pillion seat of a motor cycle. I knew because I was driving. As I leaned one way, he sagged the other, a hazardous practice which was repeated several times.

This habit of falling asleep, he indulged in everywhere. He slept at the opera, at functions, at the table in restaurants between courses, and although I thought it a recent habit and put it down to the fact that he had not had an unbroken night's sleep in years because of his cruel skin infection, I was told it was not so. As a young lecturer he once fell asleep in a tutorial in the presence of a student who waited for an hour to ask him a final question. That was Carwyn, always worth waiting for.

Now he is gone. On reflection, it is not totally unexpected. He was not very interested in looking after himself. I doubt if he will be remembered because he advised his famous team to get their retaliation in first, but rather, by his friends at any rate, for the fact that he got his own memorial in first since every minute you spent with him was somehow different and is now precious.

I hope there is a Valhallah and that he has claimed his corner, preferably near the snooker table. The District XV will already be ringing up asking for an after-dinner speaker, others will be promising to use their influence, but he is probably lighting up as he marks the obituaries, a tick here, an underlining there, a 'Well done, Clem!' for *The Guardian*'s, a pat on the back for a special friend. He will seek no predictable company, but I wouldn't be surprised if Chekov is surprised at his fluency in Russian. For the rest of us, we must step forward aware of our good luck, carrying the gift of his memory. Knowing him, we can be sure that Chekov will be kept waiting while the District XV is cleaned up. 'Concentration,' he will be saying. 'Get the basics right.' While his eye strays to look at anything but the clock. 'I've had a good life,' he told me by chance a few weeks before his death. 'I have no regrets.' There was very little he didn't know about himself, and also I'm sure, how much we cared for him. A vulnerable man of such gentleness of spirit, kindness and sensitivity could want no more.

CYMWYNASWR DEWI

Jâms Nicolas

Dywedodd Carwyn unwaith fod rygbi'n gêm boblogaidd yng Nghymru am mai gêm y werin oedd hi. Mawrhâi rygbi fel gêm y werin fel y mawrhâi'r Eisteddfod fel gŵyl fawr gwerin Cymru. Bu'n fraint arbennig i ni yn yr hen Sir Benfro i'w anrhydeddu drwy estyn gwahoddiad iddo i fod yn Llywydd y Dydd yn Eisteddfod Hwlffordd ym 1972.

Achubodd ei gyfle pan roddwyd iddo lwyfan y brifwyl, a thraddododd anerchiad nodedig. Ymhyfrydai mai ddydd Mawrth yr oedd yn Llywydd—dydd yr ieuenctid, dydd coroni'r bardd a thrwy hynny gydnabod mawredd traddodiad barddol Cymru, a dydd pan oedd y testun 'Dadeni' yn destun y bryddest. Troes y dydd yn ddydd o wir arwyddocâd iddo pan goronwyd ei gyfaill, y Prifardd Dafydd Rowlands yn y seremoni a ddilynai anerchiad y Llywydd. Dywedodd bethau o bwys y prynhawn hwnnw am yr Eisteddfod,— pethau nas gwireddwyd eto yn ei hanes, ond pethau y gellir gweld eu gwireddu, efallai cyn diwedd y ganrif.

Cynhaliwyd yr Eisteddfod yn union cyn llunio'r siroedd newydd, ac i Carwyn, Eisteddfod Dyfed oedd hon, a dangosodd ddyfned oedd Dyfed y Mabinogi yn ei gymeriad—

'y Ddyfed eang, saith gantref Dyfed, tri chantref Ystrad Tywi, a phedwar cantref Ceredigion.'

Daeth at brif bwynt yr anerchiad:

'I bwy yr ŷm ni'n perthyn? I bwy y mae pob un ohonom yn y gynulleidfa hon heddiw yn perthyn?'

Yna cododd destun, ac wrth ei goffáu y mae'n werth dyfynnu'r testun:

'Yntau Pwyll Pendefig Dyfed a ddaeth i'w deyrnas ac i'w wlad a dechrau ymofyn â gwyrda ei wlad beth a fuasai ei arglwyddiaeth ef arnynt y flwyddyn honno wrth a fuasai cyn hynny.'

Newidiodd Pwyll ac Arawn o Annwn le am flwyddyn. Y mae Carwyn yn gofyn: Sut un oedd y Pwyll yma? Yna rhydd ddyfyniad allan o un o gerddi Gwenallt wrth iddo bortreadu D.J.:

147

'Gŵr bonheddig o'i gorun i'w sawdl.'

Y mae portread Carwyn o Bwyll Pendefig Dyfed yn hunanbortread mewn llawer ystyr. Gŵr bonheddig o'i gorun i'w sawdl oedd Carwyn. Beth arall a ddywed am Bwyll?

'Y bobl yma a'r cynefin a foldiodd ei fywyd ef; hynny yw, yr oedd gan Bwyll barch at ei bobl, ac yn yr un modd yr oedd gan y bobl barch ato ef.'

Mor wir yw hyn am Carwyn. Pobl a chynefin Cefneithin a Dyfed a foldiodd ei fywyd; parchai'r bobl, ac yn yr un modd yr oedd gan y bobl barch ato ef.

Yr oedd Arawn yn ŵr trefnus a gweinyddwr da, ond gŵr o wlad estron wedi dod o Annwn i deyrnasu ar Ddyfed ydoedd ef. Ac i'r neb a oedd yn adnabod Carwyn gwyddys beth oedd ysytyr hynny iddo ef.

'Nid oedd y gweithiwr ond llythyren a rhif yn rhyw fantolen anghyfrifol draw.'

Aeth y gweithiwr yn ysglyfaeth i'r drefn economaidd oedd ohoni. Beth am rinweddau Pwyll? Yr oedd gan Bwyll gof, yr oedd Pwyll yn perthyn, gwyddai Pwyll 'sut i gadw tŷ mewn cwmwl tystion'. Beth yw adnabod?—'cael un gwraidd dan y canghennau'. Yr oedd y cof, y perthyn, yr adnabod hwn yng nghymeriad Carwyn hefyd, a medrai gyfoethogi ac egluro ei ddadl drwy ddyfynnu Gruffydd ab yr Ynad Coch a Beirdd yr Uchelwyr—y traddodiad barddol a oedd yn rhan o'i gynhysgaeth.

Condemniai'r galluoedd sy'n dibersonoli dynion,—yr oedd Arawn yn sumbol o'r gallu hwn—o dan deyrnasiad Arawn 'dyw dynion ddim yn ddigon agos at ei gilydd,'—dim agosatrwydd, dim cwrteisi—'doeddet ti ddim yn ffein wrth berson'. Onid priodoleddau cymeriad Carwyn oedd yr agosatrwydd, y cwrteisi, a bod yn ffein wrth bersonau?

Croesawodd hefyd 'Y Dadeni'—y Dadeni byd eang, ac yn arbennig y Dadeni ymhlith ieuenctid Cymru. Yr oedd delfrydiaeth ieuenctid Cymru yn 'dda ddychrynllyd'—lle'r oedd anarchiaeth yn dilyn dadeni mewn gwledydd eraill, yr oedd dadeni ieuenctid Cymru yn 'fywiol' oherwydd 'y mae'r bobl ifanc yn gwybod beth y maen nhw'n ymladd drosto'.

Yr oedd mawredd proffwydol yn yr anerchiad hwn; terfynodd hi drwy ddiolch am briodoleddau cymeriad Pwyll. Diolchwn ninnau am yr un priodoleddau a berthynai i gymeriad y pendefig Carwyn: 'Yr oedd Pwyll yn adnabod ei bobl'—diolchwn am y cwrteisi, diolchwn am yr hygaredd, diolchwn am yr haelioni a'r caredigrwydd.

Y tro olaf i mi ei weld oedd yn stiwidio'r B.B.C. yn Llandaf. Cyflwynodd i mi Colin Meads o Seland Newydd, ac yna gofynnodd i mi beth oeddwn yn ei wneud yn y stiwdio. Dywedais wrtho mai dod i sôn am Niclas y Glais a wneuthum. Goleuodd wyneb Carwyn, ac yr oedd am glywed mwy am Niclas. A dyna bortread o Carwyn, gŵr a oedd yn gyfuniad o Colin Meads a Niclas y Glais, diwylliant y maes chwarae, a diwylliant radicalaidd gwerin Cymru, un a oedd yn bont rhwng Cyfandir Môr y De a Chymru.

> Nos da, gymwynaswr Dewi
> A'i dir nawdd. Dyro i ni
> Yr un wedd, yr hen addaw
> A thŷ llwyth nid o waith llaw.

Bellach y mae Carwyn yn trigo yn y tŷ hwnnw. Llewyrched ar ei enaid anfarwol oleuni tragwyddol.

(Codwyd o'r *Faner*)

MEDDWL, MEDDWL, MEDDWL

Barry John

Pentref y pentrefi yw Cefneithin i unrhyw un a faged yno. Cymdeithas fechan ydyw o hyd fel erioed. Mae pob wyneb yn gyfarwydd. Pob ffenest a drws yn gyfarwydd yr un modd. Byd bychan ydyw, ond y mae ei iaith a'i dywydd a'i fywyd beunyddiol yn ail i ddim sydd tu allan iddo. Fe all nad oes neb yn fawr yn y byd bach hwnnw, ond 'does neb mor fach chwaith nad yw'n cyfrif. Rhyw gymdeithas fach glòs a gododd ar lain o dir gwastad yw Cefneithin lle y mae pawb ar yr un lefel. Anaml yn ystod yr holl genedlaethau y ganwyd un oedd yn uwch o'i ysgwyddau na'r rhelyw. Bron na fentrwn ddweud mai Carwyn James oedd y cyntaf. Oedd, yr oedd yn uwch na phawb o'i ysgwyddau, tywysog ymhlith ei bobl, ond yn 'un ohonom ni' hyd y diwedd.

Byddaf yn hoffi meddwl iddo selio ei ffyddlondeb i'w bentref genedigol pan ddewisodd fod yn gapten ar dîm Cefneithin yn ei flwyddyn olaf fel chwaraewr. Fe all mai dyna flwyddyn fawr Carwyn, ar ôl iddo ennill pob anrhydedd, ond yn sicr ni bu flwyddyn fel'na yn holl hanes clwb rygbi Cefneithin—ennill pencampwriaeth Gorllewin Cymru a'r cwpan, gan golli i Bontyberem a Seven Sisters yn unig! Ac yr oedd hyn o gamp mor bwysig yng ngolwg Carwyn ag unrhyw uchafbwynt arall yn ei holl yrfa. Pan soniai'r ddau ohonom yn atgofus am Gefneithin mor bell o'n cynefin â Seland Newydd, mynnai Carwyn siarad dro ar ôl tro am y dyddiau pan oedd yn gapten tîm ei bentref genedigol. Dim ond pobl Cefneithin a ŵyr beth oedd y gogoniant a oleuai'r fro y pryd hwnnw—cyfnod pan nad oedd modd gweld y gêm yng Nghefneithin heb docyn yn union fel gêm ryngwladol ar Barc yr Arfau.

Pan oeddwn i'n grwt, y peth mawr yn ystod y gwyliau i blant y pentre oedd gweld Carwyn yn ymddangos, un o sêr disglair Llanelli bellach, ac arwr mawr pob un ohonom. Y rhaglen bob Sadwrn i mi oedd chwarae i'r Gwendraeth yn y bore ac yna cinio rhwydd, cyn dal y bws i'r Strade, ac eistedd ar wal enwog y tanar-banc. Pan ddeuai'r egwyl, bant â ni â'n llyfr i sicrhau llofnod y mawrion. Gallaf deimlo'r ias o hyd o sicrhau llofnod Carwyn ar barc y Strade pan oedd y clai a'r chwys a'r gogoniant ar ei wyneb a'i wisg a'i gorff i gyd—hollol wahanol i gasglu llofnod ar y stryd gan y gŵr a drigai yr ochr arall yr hewl i'n tŷ ni. Yr oedd holl gyfaredd rygbi i'm ieuenctid brwdfrydig yn cael ei bersonoli yn y dewin, Carwyn James. Roedd Carwyn yn chwarae rygbi fel y bydd arall yn chwarae gwyddbwyll. Ei gyfrinach oedd meddwl, meddwl, meddwl pob symudiad. Gofynnwn i mi fy hun wrth ei wylio: pam y mae Carwyn bob amser yn y lle iawn ar y foment iawn pan yw pawb arall filltiroedd oddi wrth y bêl? Sylweddolais nad oedd ond un ateb—athrylith! Meddwl Carwyn! Bob amser yn *meddwl* am ei symudiadau ac yn meddwl yn fwy chwim na phawb arall. A dyma, yn bendifaddau, nodwedd ei lwyddiant mawr ac arbennig fel chwaraewr ac fel hyfforddwr. Golygai hyn hefyd, pan chwaraeodd dros Gymru ym 1958, fod pob copa walltog o bentrefwyr Cefneithin yn chwarae dros Gymru gydag ef. A phan giciodd y gôl-adlam, roedd pob coes yn yr ardal tu ôl i'r gic honno.

Pe bai Carwyn wedi dewis y bêl gron yn lle rygbi, nid oes ddwywaith amdani y gallasai fod wedi dringo i'r un pin-aclau â chewri penna'r byd hwnnw. Roedd ganddo ddawn ryfedd i ddarganfod cryfderau a gwendidau pawb. Roedd ei allu i drin dynion yn gwbl ryfeddol. Gwyddai i'r dim sut i drafod yr unigolyn gan sicrhau ar yr un pryd bod y syniad o'r tîm neu'r uned heb ei niweidio—peth sydd mor han-fodol mewn rygbi. Fe dalodd Ivan Vodanich, hyfforddwr y Crysau Duon, y deyrnged fwyaf oedd yn bosibl iddo flyn-yddoedd yn ddiweddarach pan ddywedodd mai athrylith Carwyn oedd medru cydbwyso'r profiad yn y tîm a'r brwd-frydedd arbennig hwnnw a fedd yr ifanc. Mae'n rhaid cael profiad a brwdfrydedd ym mhob tîm fel y gwelwyd mor glir yn Llanelli pan benodwyd Carwyn yn hyfforddwr— gwaith a wnaeth mor wych pan ddychwelodd i Gymru o Seland Newydd.

Un stori. Gwelir ei ddawn i ddadansoddi yn glir iawn mewn un digwyddiad sy'n sefyll allan i mi—un o lawer hefyd. Yn y gêm nid anenwog honno yn Canterbury wyth-nos cyn y prawf yn Dunedin, gwahoddodd fi i eistedd nesaf ato yn y seddau-cadw. Er ein bod ni i gyd yn weddol gyf-arwydd â thactegau Canterbury, ni chollodd Carwyn olwg o gwbl ar ystyriaethau pwysicach o lawer. Cofiaf ef yn gwylio Fergie McCormack, un o chwaraewyr enwocaf ac ablaf Seland Newydd. Edrychodd y ddau ohonom ar McCormack heb ddweud gair am dros ugain munud, cyn i'r ddau ohonom edrych ar ein gilydd ac i Carwyn ddweud yn dawel a syml, 'Diddorol!' Ac yr oedd ef a minnau yn gwybod i'r dim beth oedd ystyr hynny. Sylweddolodd y ddau ohonom fod Fergie allan o'i safle ryw ychydig, a'r ychydig hynny'n ddigon i ni fanteisio arno pe medrwn i ei lethu â chyfres o giciau ar gae mor galed, peth oedd yn anochel yn Dunedin: a hyn oedd y gyfrinach i drechu tîm mor arbennig â'r un a arweiniwyd gan Colin Meads.

Arferai Carwyn siarad â phob aelod o'r tîm yn ei dro a hyd yn oed gofyn ei farn, nes y teimlai pob chwaraewr ei fod yn bwysig yn ei olwg ac wedi ennill ei ymddiriedaeth.

Fisoedd cyn ymweld â Seland Newydd yr oedd Carwyn wedi cynllunio'r cwbl yn fanwl. Yr oedd fel cadfridog yn paratoi i wneud ymosodiad tyngedfennol. Yn wir, yr oedd wedi dewis timau y saith gêm gyntaf cyn cychwyn allan, nid bod hynny'n golygu deddf y Mediaid a'r Persiaid, gan ei fod bob amser yn cadw meddwl agored i unrhyw welliant neu ddatblygiad. Yr oedd yn barod bob amser i ddelio â gwendidau chwaraewr.

Ond wedi dweud hyn oll, nid yw'n hanner digon i gyfleu pob dimensiwn a berthynai i bersonoliaeth hudol Carwyn, oherwydd ar wahân i'w fawredd fel un o sêr y maes-chwarae a'i arbenigrwydd fel hyfforddwr, i gyfrif amdano mae'n rhaid sôn am yr ysgolhaig, yr athro cyfeillgar a chyd-wybodol, y newyddiadurwr a'r teledwr rhugl, y gwleidydd goleuedig, a'r Cymro gwlatgar a safodd ar ei stondin o flaen ei bobl ei hun yn enw Plaid Cymru. Dim ond ar ôl ystyried yr holl agweddau hyn ar ei gymeriad y gellir dirnad yn iawn y golled i genedl a theulu a chymdogaeth ym marwolaeth cynamserol y bonheddwr mawr hwn.

Gwn am un Cymro ifanc llachar y mae ei enw yn bur gyf-arwydd i bawb ohonom, a hynny heb unrhyw gysylltiad â byd rygbi, a gafodd ei fagu ar aelwyd grefyddol lle yr oedd y Gymraeg a'i diwylliant yn ffynnu, ac a fwynhaodd y fantais o'i addysgu yn un o ysgolion uwchradd Cymraeg gorau'r wlad, ond a fyn dystiolaethu heddiw mai'r hyn a'i gwnaeth

Is-lywydd Undeb y Myfyrwyr, Coleg Prifysgol Cymru, Aberystwyth

Crwydriaid Sir Gâr ar daith yn Swydd Stafford

Cwpan Undeb Rygbi Cymru—Llanelli v Caerdydd. Y Cwpan yn mynd i
Lanelli, *wrth gwrs*!

Y tenor yn ei morio hi dan aden awyren cyn cychwyn i Seland Newydd

yn Gymro mor danbaid a thrylwyr oedd mynd i Ysgol Bres-
wyl Llanymddyfri a'i dywys yn gynnar ar y daith gan Car-
wyn James. Ganddo ef y cafodd ei werthoedd fel Cymro.

Gan fod i bersonoliaeth Carwyn haenau mor gyfoethog,
pan fentrodd yn ôl ei reddf i'r maes-chwarae, nid gweld
gêm yn unig a wnaeth, ond patrymau o gynghanedd oedd
yn bosibl ar y parc, mesurau caeth ar gyfer pâr o draed a
dwylo, odlau a rhythmau dau lygad a phum synnwyr, nes
ei wneud ei hun yn fwy na chwaraewr a hyfforddwr, yn brif-
ardd y bêl hirgron a'i gwnaeth ef yn ei ddydd yn deilwng o
goron ei genedl a phob anrhydedd.

Nid chwarae yn unig dros Gymru a wnaeth Carwyn, ond
byw drosti hi a'i thraddodiadau a'i hiaith, a'i ystyried ei
hun yn gymrawd i bob enaid byw a arddelai'r traddodiadau
a'r iaith honno a'i uniaethu ei hun â phob un a gymerodd
arno frwydro yn hyn o fyd drostynt.

Ni bydd hanes iddo mwyach yn ein plith, ond erys y
chwedl a weodd i genedlaethau i ddod.

(Codwyd o *Barn*, Chwefror 1983, Rhif 241)

AN EXTRAORDINARY COACH

Gerald Davies

He would sit or stand among the company, smoking his favourite cigarettes—a habit he was unable to kick since his national service days—and his eyes would follow the blue grey smoke drifting upwards. Not a man for idle talk, Carwyn James would not say much except for the occasional 'quite . . . quite'.

Although he might seem uninterested, his mind elsewhere, he was a great listener. When the spirit moved him, if the time was right and the company appreciative he could illuminate a game of rugby like no other. If he was quiet on occasions, at other times the words would come pouring out of him.

His voice, precise and even paced, guided listeners to his radio summaries to the joys and tribulations of a Saturday afternoon's match: his boyish face, with each hair Brylcreemed straight, appeared on B.B.C. Wales to deliver his accurate and masterly assessment.

To others elsewhere in the United Kingdom his weekly pieces in *The Guardian* either of the evocative or the analytical kind, represented the authentic voice of rugby punditry.

His, a scholar's mind, was academic in its precision though not dryly so. He had a passion for Welsh poetry and literature generally. He could speak Russian fluently and had an abiding interest in that country's drama. He could just as easily debate the subtle ironies of Chekov as unravel the darker mysteries of front row play. And, more difficult still, see the humour in both. In his writing he brought a poet's sensitive mind to bear on a rugged and boisterous game. Occasionally, just occasionally he saw rugby aspire to the condition of theatre and its players transformed into artists. He drew extensively on those other interests of his as a way to better understand a game which in Wales has its roots firmly established in its culture and tradition. It was unthinkable for him to isolate rugby from any other aspect of Welsh life.

In a country with an appetite, apparently insatiable, for

wanting to talk and listen to more about rugby football, people were always moved to wonder, after everybody else had their say, what he, Carwyn had to make of it all. In Wales, which often appears as a village of inter-family relations, there is simply no need for a surname.

Whilst all about him people became animated, full of nervous chatter, he would remain calm and, if called upon, could produce a succinct analysis of any match. He was not of the common mould of rugby men. A marvellous player in his own right in the fifties, he had a devastating jink and could always be counted upon to drop a goal in almost every game. Or so it seems now to me. It was to see him play that I went so often to his beloved Stradey Park.

Later he was to become the philosopher king of the rugby world. He held strong beliefs about the game but he held no prejudices. As a coach he saw his role as resolving complexities into simplicities, to teach the fundamentals, the basic skills—or habits as he preferred to call them, thereby encompassing correct attitudes which he valued as much as the techniques.

I remember his talk at the Park Lane Hotel in May 1971 before the tour. To an unbelieving crowd, unaccustomed to his ways and grown old with being second best, Carwyn brought his prologue to a close. The Four Nations shall be one. The challenge ahead will be met.

'Let me say this,' he said, 'let me simply say this,' with his right hand waving schoolmasterishly in the air, with the inevitable cigarette held between first and second finger: 'I believe that we will win the Test series in New Zealand.' To the new Lions, it was no more than a much needed bolster to wavering confidence. Others, much longer in the tooth, saw it as a carefully manufactured boost to morale, a coach trying to cut something of a dash. There was no outrageous effrontery in his bold claim, though there may have been a tinge of ingenious impudence. At any rate the seed had been sown. As the tour progressed and long, long before the issue had been settled, his measured tones, his unerring choice of words, his utter though quiet conviction had found receptive ears and responsive minds. We believed in him as he had always believed in himself.

We flew, almost unnoticed out of Heathrow. We returned to a changed rugby world, and it was never going to be the same again. It changed dramatically for him. From the quiet groves of academic life he emerged as a national figure in Wales.

He never treated the team as a homogeneous group in which a player often submerges his personality and compromises his skill in the interests of team efficiency. For Carwyn a player should express himself fully so that the team would ultimately benefit. He valued rugby as a team game but more than that he valued the fact that it is made of fifteen individual players. As a coach he tried at times to persuade and convince in the most astute and democratic fashion. On other ocassions he guided, as all the best teachers do, in such a way that the player, like the fortunate pupil, would be surprised to find a wonderful discovery for himself. Since the discovery is your own, or appears to be so, the reward is that much sweeter and infinitely satisfying. The glory was his as it was ours. The twain, player and coach, meet in glorious harmony.

The Lions of 1971 are remembered as much for the talent of the separate players as for the corporate effort that brought success.

A miner's son from socialist west Wales, he subscribed fully to the idea of excellence and, unlike other more vociferous egalitarians, he believed passionately, where talent was concerned, in the existence of an élite. He was a product of a community which, given a glimpse of what was possible, yearned for ideas and unprejudiced thinking.

Each player, each set of new circumstances would receive his thoughtful and careful response, even at the risk of offending the sensibilties of others. Once you came to know his style there was no risk at all. When Barry John, half way through the tour of 1971, became tired with the constant round of training, he sent him away with Mike Gibson to kick a soccer ball about. That it should be a soccer ball astonished New Zealand observers, more accustomed to sterner methods, and who were bewildered by an apparently frivolous approach. Even within the team itself, for a brief while, some considered it preferential treatment of a star player. But he argued, if a player felt jaded, why not give him a break from the routine. Just to show that it was not the Cefneithin old school tie at work, he acceded to a request by John Pullin and Frank Laidlaw to visit a friend for a couple of days. What mattered was that they came back refreshed for the next performance.

If he needed to wield the big stick to get the team into shape, he could do that too. No one who was there will ever forget the strains and the agony of the penultimate three hour training session before the crucial Third Test in Wellington.

In answer to those who argued that he was fortunate in having the best British players at his disposal, he then fashioned a team in Llanelli to win the Cup on four separate occasions, as well as recording that famous victory against the All Blacks in 1972. To make a final point to any doubting Thomas who remained, he lived in Italy for two years, learned the language, and made national champions out of Rovigo. He was an extraordinary coach.

But he was more than that. There could have been no better illustration of the range and depth of feeling, of the friendship and devotion he inspired than was to be found at the remembrance service held in Tabernacl, Cefneithin. Politicians and poets, deacons and doctors of medicine and philosophy were there. Lawyers and lecturers, miners and fellows in faded duffle coats. Rugby men too, who understood not a word of the all Welsh language service. And an Eisteddfod Archdruid who wittily told of the day he shook hands with Colin Meads.

All loyal friends who came to pay final homage to Carwyn James, a man who effortlessly bestrode their differing worlds. All in all we shall not see his like again.

BARNES WALLIS CEFNEITHIN?
DIM FFIARS O BERYG

Derrick Jones

Ces yr anrhydedd a'r fraint o adnabod Carwyn Rees James am bedair blynedd, ac yn ystod y cyfnod yma daethom yn ffrindiau agos. yn wir, ces y cyfle i dreiddio i gyntedd ei feddwl—y meddwl dadansoddol a oedd o leiaf bedwar cam o flaen pawb arall.

Yn y cyfnod yma, aeth Carwyn allan i'r Eidal—gwlad heulog yr hufen iâ a'r tenoriaid gwych. Gymaint oedd llwyddiant Rovigo fel y cipion nhw'r bencampwriaeth gryn fis cyn diwedd y tymor. Fel canlyniad, pan oedd y tîm yn chwarae yn Rhufain, fe gawsant, ynghyd â'u hyfforddwr, groeso ffurfiol gan y Pab John Paul. Wedi i rywun egluro wrtho mai gêm arw, ffyrnig weithiau, oedd rygbi, gosododd y Pab ei law ar ysgwydd Carwyn a dweud:

'Nid yw'r gŵr yma yn arw. Gŵr da a mwyn yw hwn.'
Cawsant sgwrs hir—tua phum munud, ac meddai Carwyn:

'Roeddech yn sylweddoli eich bod ym mhresenoldeb dyn duwiol iawn.'

Roedd Carwyn yn enwog am ei allu i gysgu yn rhywle yn ystod y dydd. Yn wir, rwy'n sicr y gallai gysgu ar lein dillad pe bai galw! Yn anffodus, am fod ei groen yn brifo, doedd e ddim yn gallu cysgu'n rhy dda yn y gwely. Crafai mor galed ar adegau nes tynnu gwaed. Cariodd y baich yma heb gwyno am flynyddoedd. Ta waeth, un noson, daeth galwad ffôn:

'Rwy i yng nghartre Gwyn Erfyl. Dere draw i'm nôl i.'
Pan gyrhaeddais, roedd Carwyn yn cysgu'n braf mewn cadair esmwyth, ac meddai Gwyn:

'Dyna'r "compliment" mwyaf y gall gwestai 'i roi i westywr, ei fod e'n ddigon cartrefol i gysgu yn ei dŷ!'

Yr hyn a wnaeth trychineb marwolaeth gynnar Carwyn yn fwy o faich yw iddo farw mewn gwlad estron. Tebyg fu hanes dau gawr Cymreig arall—Ryan Davies a Dylan Thomas.

Byddai Carwyn yn siwr o gytuno â mi nad Barnes Wallis

mohono. Nac Archimedes chwaith o ran hynny. Doedd ganddo ddim clem am beiriannau.

Noson geni plentyn fy nghyfaill Martin Williams y B.B.C. oedd hi, a buom ill dau allan yn dathlu. I gloi'r noson, aethom i gartref chwaer-yng-nghyfraith Martin. Yn anffodus, roedd pethau wedi mynd yn drech na ni, a bu'n rhaid clwydo yno. Tua dau o'r gloch y bore, cofiais fod 'casserole' wedi bod yn coginio yn y ffwrn adre ers canol dydd. Codais y ffôn, dihuno Carwyn a gofyn iddo ddiffodd y ffwrn. Wedi cyrraedd adref tua naw o'r gloch, cerddais i mewn i'r gegin a gweld fod tân y ffwrn yn dal ynghyn, a'r ffwrn yn grasboeth. Ar y bwrdd yn ymyl safai'r 'casserole'.

'Beth ddigwyddodd, Carwyn?' gofynnais. Daeth yr ateb. Doedd e ddim yn gwybod sut i ddiffodd tân y ffwrn!

Arferai Carwyn ysgrifennu yng nghrombil y nos—fel arfer ar y bwrdd yn y stafell frecwast. Yn union uwchben y bwrdd, mae drws bach yn y wal lle gellir trosglwyddo bwyd i'r ystafell fwyta. Un noson dywyll, tua'r amser pan yw ysbrydion yn rhodio, a phobman yn dawel fel y bedd, yr unig sŵn oedd sŵn pensil Carwyn yn crafu dros y papur. Yn sydyn, ac yntau wrthi yn canolbwyntio ar gynllun yr erthygl o'i flaen, disgynnodd Angharad Trenchard-Jones, y gath, yn swp o'i flaen. Roedd wedi neidio trwy'r drws bach yn y wal. Cafodd Carwyn lond bol o ofn—yr ofn mwyaf a gafodd yn ei fywyd.

Un tro, es oddi cartref am bedwar diwrnod. Dyletswydd Carwyn oedd bwydo'r gath—Angharad Trenchard-Jones— brenhines *Voltarol Towers.* (Bedyddiwyd y tŷ gyda'r enw yma ar ôl y cyffur bendigedig a werthid gan gwmni Gugy.) Dangosais iddo ble roedd y tuniau bwyd a'r agorwr tuniau. Ta waeth, wedi dychwelyd, ces groeso cynnes gan Angharad ac es ati i baratoi swper iddi—gwledd flasus o'r bwyd tun mwyaf costus. Ond yn wir i chi, ni chyffyrddodd â'r bwyd. Trannoeth, gan gredu efallai fod y cig yn y tun wedi pydru, agorais dun arall—ond yr un oedd adwaith Angharad. Codi ei thrwyn a chilio. Dyma Carwyn i mewn a gofynnais iddo a gafodd yntau'r un drafferth. Synnais pan glywais iddo fwydo'r gath â chig oen Cilmeri—cig oen gorau Cymru—y cig a gafodd e a'i chwaer i ginio dydd Sul yng Nghefneithin.

161

'Ond roedd digon o gig tun yn y gegin,' meddwn. Ymddiheurodd Carwyn gan gyfaddef nad oedd wedi medru gwneud pen na chynffon o'r agorwr!

Roedd Carwyn i fod i siarad yng Nghlwb Rygbi Manceinion. Yr ysgrifennydd oedd Leighton Hughes, gynt o Glwb Rygbi Cymry Caerdydd. Fel arfer, roedd y 'Guru' yn hwyr yn cyrraedd adre, ac ar frys y gadawon ni Gaerdydd yn fy nghar. Ar ôl tua awr o deithio cyflym ar y draffordd dyma gyrraedd tagfeydd, a dyma finne, mewn ychydig funudau, yn dechrau rhegi dan fy ngwynt. Yn sydyn, dihunodd Carwyn:

'Doc bach, does dim shwd beth i'w gael â brys. Mi fyddan nhw 'na pan gyrhaeddwn ni. Efallai y byddan nhw wedi dechrau ar y prif gwrs ond y peth pwysig yw ein bod ni'n cyrraedd cyn y diwedd,' a 'nôl â fe i gysgu, mor ddiofal â baban bach.

A finne'n paratoi i adael y draffordd dihunodd Carwyn yn sydyn a'm siarsio i gario 'mlaen yn syth. Er fy mod yn sicr ein bod ar y trywydd anghywir, fel pob gwas da, deliais ar y draffordd. Wrth glosio at Seren y Gogledd, roeddwn yn dechrau pryderu, a phan welais yr arwydd *Preston*, penderfynais droi'n ôl, doed a ddelo! Erbyn hyn, roedd fy nghydymaith bach wedi tawelu. Yn sydyn, sylweddolais fy mod wedi cymryd tro anghywir (fy mai i y tro yma), a'n bod yn teithio ar draffordd arall.

'Na, na,' meddai Carwyn, 'rwyt ti'n eitha iawn.' Pan welais yr arwydd fod Leeds yn croesawu ymwelwyr, penderfynais am yr eildro ein bod wedi teithio'n rhy hir ar hyd trywydd Carwyn. Y tro yma, fi benderfynodd pa drywydd i'w ddilyn a chyn pen dim, fe gyrhaeddon ni'r cinio.

Wrth newid i'n dillad min nos, fe sylweddolon ni ein bod ni'n dau yn ein brys, wedi anghofio'n dici bôs a bod gen i sgidiau brown. Ta waeth, cawsom fenthyg dwy dei a chyrraedd y stafell fwyta pan oedd y gwesteion ar fin dechrau'r ail gwrs.

'Wel, Vasco de Gama wedi ailgodi,' meddwn i wrth Carwyn. 'Petaswn i wedi gwrando arnat ti, fe fydden ni'n dau yn cael 'fish and chips' yn Preston a 'whelks' yn Leeds!'

Roedd Carwyn yn hoff iawn o adrodd storïau am bobl gyffredin: un o'i ffefrynnau oedd stori am fy nhad—Jack

Pant-y-Garn, Pen-y-groes, nid nepell o Gefneithin. Un tro, roedd fy nhad ar ei wyliau yng nghartre'i frawd Neville— uchel swyddog gyda'r heddlu yn Llundain. Roedd Neville yn gyfeillgar gyda theulu 'crachaidd'—aelodau yng nghlwb rhwyfo Richmond ac ati, ac arferai gymdeithasu â nhw. Aeth fy nhad yn gwmni iddo un noson ac fe'i derbyn- iwyd i'w mysg yn llawen. Dyma un o'r crach yn troi at 'nhad a dweud fod croesair *Y Times* yn anodd iawn y diwr- nod hwnnw.

'Tell me, Jack,' meddai. 'Do you do *The Times* cross- word?'

Ac atebodd 'nhad, a fu'n gweithio dan ddaear ym mhwll glo Cross Hands gydol ei oes:

'Diawch no, I get enough trouble with "Spot the Ball".'

Yn ystod y pedair blynedd y bu Carwyn a fi yn cyd-letya, cawsom lawer o hwyl a sbri. Er bod Carwyn yn gweithio'n arbennig o galed y rhan fwyaf o'r amser (deunaw awr y dydd weithiau am dri neu bedwar diwrnod yn olynol), roedd yn hoff iawn o gymdeithasu. Ni phryderai lawer am arian—dim ond bod digon ganddo i gadw to dros ei ben, gwely clyd, modur i'w gludo o A i B (rhywun arall yn gyrru os yn bosib) a digon i fedru mynd â chyfeillion allan am bryd o fwyd. Gŵr caredig iawn oedd Carwyn.

Ei hoff dai bwyta oedd y Riverside gyda'r nos a Gibsons yn y prynhawn. Bwyd Tsieiniaidd oedd bwyd y Riverside, a hoff bryd Carwyn oedd asennau sbâr mewn saws. Roedd hefyd yn hoff o hwyaden Cantonese neu 'hwyaden crispi' chwedl yntau, gŵydd, a chawl. Ond bob tro yr âi am bryd o fwyd, roedd o hyd yn gadael peth ar ôl ar ei blât. Yn aml byddai'n gosod hanner ei gig ar fy mhlât i (plât Delme yn Seland Newydd).

Anodd i Carwyn oedd gwrthod cais iddo fynd i siarad i rywle. Cofiaf iddo unwaith siarad chwe noson yn olynol— pob un ohonyn nhw yn Lloegr! Sawl gwaith bu'n annerch ddwywaith y dydd: y Rotari yn y prynhawn a chlwb rygbi neu gymdeithas yn y nos. Hyn oll, wrth gwrs, ar ben ei waith radio, teledu ac i bapurau newydd. Cyfrannai'n rheolaidd i bapurau ar draws y byd gan gynnwys papur Sul yn Iwerddon. Fe welwch pa mor galed y gweithiai.

Wedi pedair blynedd hapus, ffarweliodd Carwyn â Coach

163

Towers a phrynu fflat gyferbyn ag Ysbyty Rookwood yn Llandaf. Arferai ymweld â chleifion yr ysbyty yn aml, yn enwedig y bechgyn oedd wedi eu hanafu ar y maes rygbi. Roedd yn gas ganddo chwarae brwnt.

Tra bu'n byw yn Llandaf, deuai ei chwaer Gwen i ofalu amdano yn gyson. Ac er bod dringo'r grisiau yn faich iddi ar adegau, bu'n ffyddlon iawn i'w brawd. Pan oedd Gwen yng Nghefneithin, deuai Eilonwy a'i gŵr i lawr o Aberdâr i edrych ar ei ôl. Câi Carwyn lawer o bleser yn gweld plant ei chwaer, Beth a Ceri, a phlant ei frawd, Llŷr a Non, yn tyfu.

Chwarae teg hefyd i bobl Merthyr a Dowlais am gydnabod ei fawredd—ac yntau'n fyw—trwy alw stryd ar ei ôl —*Bryn Carwyn*. Roedd yn was da ac yn was ffyddlon i Gymru. Roedd hefyd yn ffrind.

CARWYN—THE LIGHTER SIDE

David Parry-Jones

The Spartan general Leonidas was de-briefing a scout detailed to assess the strength of Xerxes's Persian army, which was bent on forcing the Pass of Thermopylae and proceeding to conquer the tiny Greek nation.

Reported the despairing man, 'So numerous are its bowmen that a volley of their arrows will blot out the sun.'

'Good,' said Leonidas firmly. 'Then we shall fight in the shade.'

The magnificence of that retort was savoured by Carwyn James, who esteemed bravery wherever it was manifested. But he found little else to admire in Sparta, a gloomy city-state whose élite warrior class practised an early form of apartheid on its lesser brethren. Such a society may have worsted its great rival Athens in military conflict, but it produced no Pericles or Praxiteles, no Aeschylus or Aristophanes. It was the Athenians who truly epitomised the glory that was Greece, a people who acted with style and panache.

A lover of the classics, Carwyn made great play in after-dinner speeches with the Athens-Sparta theme. 'Get your retaliation in first' is exactly the clever sort of advice that might have been spoken on the Pnyx; the fact that it was said by Carwyn at Dunedin before a Test campaign confirms my view that he saw the All Blacks (certainly those of the early 'seventies) as arch-inheritors of the Spartan tradition. He admired their courage and discipline; but his face would crease into a hundred mischievous smile-lines as he observed that the highest tactical ideal of New Zealand rugby was the up-and-under.

In a Welsh context his beloved Llanelli were Athenians while Pontypool stood for the Spartans—and, it should be added, he had a high and warm regard for their great coach Ray Prosser. Bridgend were certainly Athenians, with Cardiff and Ebbw Vale as borderline cases. On other clubs' ranking Carwyn was diplomatically silent.

Just as his speech-making tended to be thematic and pointed, so Carwyn's anecdotes usually had purpose.

Though not an habitual raconteur he could spin a story well, preferably one calculated to make his listeners chuckle or muse rather than guffaw. Such a tale concerned the Chicken and the Pig who sat down to eat in a cafe. Examining the menu the Chicken suggested, 'Let's have eggs and bacon. That looks good value for £1.25.'

The Pig demurred. 'In the case of eggs and bacon,' he pointed out, 'yours is merely a contribution, mine is a total commitment.'

I heard the story many times and always joined in the laughter. But I am still not one hundred per cent sure that I understand the precise point—that is, does it add up to more than the clever spinning of words for effect? What has stuck with me—and perhaps this is what he really intended —is the idea that Carwyn set great store by commitment to a cause or objective.

In truth, a great deal of what he said used to be greeted by post-punch-line silences as people tried to fathom the latest profundity. Often such moments were smoothed over by his personal, idiosyncratic rippling giggle, which sounded like a small two-stroke engine starting up.

Another favourite story of his concerned the Choir formed in Heaven to compete in a Heavenly eisteddfod. It consisted of forty sopranos, forty altos, forty tenors, and just one bass who on earth happened to have been Dai Jones from Felin-foel.

At the end of their first chorus in rehearsal the conductor, a very senior Angel, complimented the sopranos warmly. 'You are singing like seraphims. Altos, you are in cherubic voice—likewise you tenors. Bass, though—keep it down just a bit.'

*

To earn a living, Carwyn picked his way through the media like an infantryman in a minefield. Explosive devices went off all around, but he himself led a charmed life.

In reality he was a scholar-teacher who had opted for the wider classroom offered by the media, and going on TV was more of an ordeal for him than viewers imagined. Often, sitting inches from him in a live studio situation, it came home to me how wound up he became before delivering one of the penetrating visual essays which were the hallmark of his work for BBC Wales 'Sports Line Up'. Perhaps, if a piece was being recorded, Carwyn would forget an important point and a fresh start would have to be made. 'Damo!' he would mutter quietly and wring his hands with annoyance.

On location he needed firm handling, as when he visited southern France for scenes in the series 'World of Rugby' which he made for BBC 2. Executive producer Dewi Griffiths had plotted a sequence which involved Carwyn, as presenter, looking for and suddenly discovering the grave of William Webb Ellis in a hillside cemetery.

'Action!' was called, the camera turned, and Carwyn began walking along a tree-lined path between the headstones.

Then, 'Cut!' called the Director. 'Carwyn! You're searching for a grave—not a bird's nest. Look DOWN, not UP!'

Often James—as he was called with mock brusqueness at work—got his own back. Knowing the abhorrence of tobacco harboured by straight-faced members of BBC Wales' sports department he took an impish delight in turning up to production conferences and chain-smoking Players full strength cigarettes. By turning politely to listen to successive speakers he could direct blue smoke to all corners of the room.

Another habit involved persuading a colleague to take the wheel of his car on long journeys. He hated driving and much preferred to sleep the miles away. Once the vehicle ran out of petrol far from the nearest service station. Carwyn awoke briefly to reprimand the driver for confusing fuel and temperature gauges before dozing off again while help was fetched.

*

For the rest, there are the myriad random memories, whiffs of the whimsical in which fifty per cent of Carwyn's life and times were suffused.

There was his transparent deviousness: on certain winter Saturday mornings I grew to expect his arrival through

167

the back garden gate from his flat a stone's-throw away in Llandaff. Ostensibly the mission would be for black coffee; in reality he would be hoping for a lift, having carefully checked the office schedules and ascertained that we were both bound for the same rugby match that day. It would be a bonus if he could contrive a peep at my match-card containing scribbled notes on new players he should know about.

There was his (private) comment on Merthyr Tydfil's request for permission to name a street after him: 'I've told them—OK so long as it's a dual-carriageway.'

There was the sensation he caused in his Centenary banquet speech at Llanelli by proposing that the motto of the Welsh selectors—at the time well-entrenched and long in the tooth—should be 'Till Death Us Do Part'.

There was his love of fantasy. In the period when he had rooms with Derek 'Doc' Jones in Pen-y-lan he weaved an astonishing and libellous mythology about another house-guest called Angharad Trenchard-Jones who stayed out most nights and had sensational experiences. It was some time before I divined that AT-J was a cat.

There were his catch-phrases. 'Chumb-Chumb!' was the favourite, rapped out in gratification at a point neatly made or a job well done. He never dealt in smut or racial humour, but occasionally allowed himself a sarcastic 'Iz Dat So!' with which, apparently, a Nigerian had once greeted a remark of his.

And there was the turmoil which always menaced but never quite engulfed him: unopened letters containing invitations, confirmations, cancellations, warnings from the Inland Revenue, circulars from the Welsh Rugby Union, even cheques from the BBC. Telephone messages unheeded from Ireland, Italy, Johannesburg, Hawick, British Columbia, Gosforth, Auckland, Beziers, Sydney, even Lampeter. Diary engagements generously but recklessly accepted—'Hey, boys,' (anxiously) 'I'm down to speak at Fylde and Redruth tomorrow night. Which one do I wriggle out of? And could one of you give them a ring?'

'James, you are a shambles,' we would tell him—before meekly doing as he asked.

'Aw, thanks,' he would reply, fervently and as if repenting. Some hope.

*

Finally, back to my starting point: the Greeks and Carwyn's preoccupation with their language and thought. One word in particular obsessed him—'hubris'. It has no precise equivalent in English (or Welsh, Carwyn would add) but is, approximately, the vice of too much confidence—the pride that can come before a fall. It may well be that his unremitting eagerness to dissect and analyse 'hubris' sprang from awareness of the arrogant streak in his own personality.

If, though, he was guilty of arrogance, it was cushioned by humility.

There, now. That is a paradox of which Carwyn himself would have approved.

J. P. R. WILLIAMS v DAILY TELEGRAPH

'Ac yn awr, i ddadansoddi dadleuon y dydd, dyma Carwyn James.'

169

LLYTHYR AT UNDEB RYGBI CYMRU

(Gofynnwyd i Carwyn gan Undeb Rygbi Cymru a garai gynnig am swydd hyfforddwr y tîm cenedlaethol. Dyma ei ateb.)

Hawen,
Cefneithin,
LLANELLI

28:1:74

Dear Sirs,

Many thanks for the opportunity to allow one's name to go forward to be considered for the position of the Welsh National Team Coach.

By implication only I gather that the terms of reference are as ever, that is, that the present system will continue.

Am I to understand that the appointment is a three year one?

Will the Big Five continue in its present form as a permanent institution?

Will they be appointed annually—as at present—and the Coach for three year periods?

Since the present Big Five have already nominated the Coach of their choice is it your honest assumption that any other nomination will be acceptable?

Will there be an interview for the post, and will the other applicants be told who is in contention?

I feel I have to ask all these questions, otherwise one is obviously compromising himself totally. Any National Team Coach must surely have his own views on Coaching, Selection, Team Management etc. and these may not necessarily tie up with the present system. To be appointed, and then to disagree, leaves one in an invidious position.

The present Big Five obviously work happily together. They are a team, as they should be, and I respect them for it, and their nomination for the next Coach suggests, rightly, that they want to remain as a team.

I personally feel that changes are now necessary. I will put my views very briefly because certain journalists, without reference to me, have 'jazzed up' an argued, lengthy interview I gave to the *Swansea Evening Post* some time ago. These are my main points:

1. That the National Team Coach, as in some other countries, should always be the Chairman of Selectors.

2. That the Chairman of Selectors be allowed to chose two, three or even four Advisers to help him—preferably three.

3. That preferably these would be Coaches now active within their Clubs.

4. That they would be chosen for their experience as players (forwards/backs), as coaches, and with reference to geography.

5. That the National Team Coach and his Advisers should seek the assistance of all club coaches in Wales and attend club coaching sessions as from September. Wales, from a Rugby point of view, is sufficiently small to put these ideas into practice. Elsewhere, they would be impracticable.

Wales has been at the forefront in its thinking in recent years. It is no use at the present moment for the W.R.U. members to bemoan the fact that other countries are catching up with us. The answer surely is that we must always try and out-think them.

Having considered my position over and over again I have reluctantly come to the conclusion that I mustn't allow my name to go forward. I know that I'm asking too much of the Union—that change takes time. But I felt, however, that it was only fair to make my views known for the sake of the appointment—we all want the new man to be successful. He must be given the freedom to express himself.

A Coach, like a teacher, is an expression of personality, and he has to dominate if he is to succeed. This he can't possibly do with a small committee who were responsible for his appointment. Whatever the future policy, it is important, as a matter of principle, that he is appointed by the full

171

Executive Committee of the Union, and he should always be answerable to them. The dictator must observe humility! My questions were rhetorical and I don't expect a reply.

Yours faithfully,

CARWYN JAMES

Hyfforddwr Llanelli yn derbyn gair o gyngor oddi wrth ddau o ddilynwyr selog y clwb. Roedd cannoedd o bobl yn tyrru i'r Strade i weld y tim yn ymarfer!

ARAITH LLYWYDD Y DYDD

Eisteddfod Genedlaethol Cymru—Hwlffordd 1972

Carwyn James

Barchus Lywydd, annwyl gyd-Eisteddfodwyr, gaf i ddiolch yn y lle cyntaf am y gwahoddiad cynnes yma i ddod i Eisteddfod Hwlffordd, i Eisteddfod Sir Benfro. Gaf i ddiolch i Peter Hughes Griffiths am ei eiriau caredig. Mae'n fraint i gael dod a bod yn Llywydd y Dydd ar ddydd Mawrth, diwrnod i'r Ieuenctid ac yn wir, diwrnod pan fydd y bardd yn cael ei goroni ac rwy'n credu fod hon yn Eisteddfod arbennig dros ben oherwydd fod bardd y Goron eleni wedi cael testun aruchel, sef, 'Y Dadeni'. Wel, gaf i ddiolch i'r bardd, fe neu hi, am gael rhannu'r gynulleidfa hardd yma. A bod yn onest, on'tefe, fydde'r gynulleidfa ddim mor hardd oni bai fod y bardd yn cael ei goroni'r prynhawn yma ond gaf i ddiolch am y fraint o rannu'r gynulleidfa gydag e'. Fel y dwedes i, mae'r testun yn wych, mae'n wych i fardd ac rwy'n siwr y cawn bryddest fawr. Mae'n destun mawr hefyd i areithydd petai gan hwnnw'r ddawn.

Ond rwy am ddechrau yn y fan yma—mae wedi bod yn bwnc siarad ar Faes yr Eisteddfod ddoe, a heddiw hefyd rwy'n siwr, ac fe fydd yn destun siarad am gryn dipyn o amser eto. Eisteddfod Sir Benfro—yn wir, Eisteddfod Dyfed yw hon, a hwyrach ei bod yn rhaid i ni bellach ddechrau meddwl yn nhermau Dyfed. Y Ddyfed eang, yn ôl y Mabinogi, saith gantref Dyfed, tri chantref Ystrad Tywi a phedwar cantref Ceredigion. A dyna hi, Dyfed a Seisyllwch wedi dod at ei gilydd yn un Ddyfed eang, a dyna'n dyfodol ni. Wel, beth yw dyfodol yr Eisteddfod yn wyneb yr ad-drefnu yma? Efallai na thâl hi ddim i ni ddal ymlaen fel yr ŷm ni ar hyn o bryd. Fe seiniwyd nodyn o rybudd, y llynedd rwy'n meddwl, gan Mr Ernest Roberts, yntau'n Llywydd ar y dydd Iau, a dywedodd fod yr Eisteddfod i raddau'n byw ar y plwyf ac yn dibynnu llawer iawn ar gyfraniadau a haelioni cynghorau lleol bach. Sut fydd hi pan fydd y cynghorau mawr yn dod i rym? A fydd yr adwaith yn debyg? Rydyn ni'n clywed o hyd ac o hyd fod hwn yn sefydliad amddiffynnol. Mae Peter wedi cyfeirio at y bêl hirgron; dwyf i ddim am gyfeirio llawer iawn ati heddiw ond maen nhw'n dweud wrtho i mai'r ffordd orau o amddiffyn yw ymosod ac fe hoffwn i weld Llys a Chyngor yr Eisteddfod yn ymosod yn y dyddiau hyn sydd o'u blaen nhw ac yn cynnig cynllun dewr i'r cynghorau mawr. Does gen i ddim amser y prynhawn yma i fynd ar ôl y manylion, dim ond sefydlu egwyddor efallai ac yn wyneb y ffaith y bydd gennym ni Ddyfed, Clwyd, Gwynedd, Powys, Gwent a Morgannwg yn fuan rwy'n credu ei bod yn hen bryd i ni ddechrau meddwl yn nhermau nid un cartref parhaol, nid dau, ond efallai bedwar ohonyn nhw yng Nghymru yma, ac rwy'n dweud hyn am amryw o resymau. Fe fydde'r Eisteddfod wedyn yn dod i'r lleoedd yma bob rhyw bedair blynedd. Wel, fe wyddom ni beth sydd wedi digwydd yn ystod y blynyddoedd diwethaf: 1970—Rhydaman, eleni—Hwlffordd, 1974—Caerfyrddin (cam gwag yn fy nhyb i), 1976—Aberteifi, a dyna i chi bedair Eisteddfod o fewn chwe blynedd yn Nyfed ei hunan. Nawr, petai gennym ni'r cartrefi parhaol yma, yna, fe fyddai yn gartref lle gallai Cyngor y Celfyddydau ac eraill dderbyn a chynnal gweithgareddau a gynrychiolai ein diwylliant cyflawn ni fel pobl. Rydw i'n teimlo hyn yn reit angerddol. Mae'r Pafiliwn yma (dwy ddim am ddweud dim byd am y Pafiliwn, mae wedi gwasanaethu'n eithaf hael, fe ddylai'r Pafiliwn yma fod yn ddiwylliedig tu hwnt), wedi bod ym mhob rhan o Gymru ac fel 'yo-yo' yn mynd o Dde i Ogledd ac o Ogledd i Dde am flynyddoedd ac mae'n gostus ddychrynllyd. Hoffwn i weld cartrefi parhaol mewn mwy nag un rhan yng Nghymru a gofyn i'r cynghorau lleol yma gymryd diddordeb fel y bydd gennym ni leoedd lle y gallwn gynnal pethau o ddiwylliant ac a fyddai o fudd i'r rhanbarthau a'r taleithiau at y dyfodol. Ac rwy'n credu hyn hefyd, gyfeillion: fe ddywedodd Llywydd y Dydd ddoe ei fod e'n credu'n gryf yn y Rheol Gymraeg—rwy gydag ef ac rwy'n dweud 'Amen' i bob peth a ddywedodd Mr Elvet Thomas. Rwy'n siwr fod yn rhaid i ni neilltuo'r wythnos hon i fod yn gwbl Gymraeg a phetaen ni'n cael y cartref parhaol yma fe fyddai'n gyfrwng hefyd, yn gyfrwng creadigol, mi gredaf i, agosáu at ein cyd-Gymry sydd heb yr iaith Gymraeg a gallent hwythau hefyd gynnal eu gwyliau yn y cartrefi a'r aelwydydd hyn pan fyddan nhw'n

174

dymuno. Dyma gartref, Sir Benfro, cartref *Dock Leaves*, yr *Anglo-Welsh Review* ac yn ddiweddar rydym wedi cael *Poetry Wales*. Mae Mr Aneirin Talfan Davies, gŵr sydd yn cael ei gamddeall yn aml iawn yng Nghymru, yn ei gyfrol *Gwawr y Bore* (un o'r cyfrolau gorau sydd wedi ei hysgrifennu ers slawer dydd yn fy nhyb i) yntau'n cyfeirio at y beirdd Eingl-Gymry yma sydd ag ymwybodaeth gref ganddynt y dyddiau hyn o Gymreictod, ymwybyddiaeth o genedligrwydd ac mae e'n sôn eu bod nhw y dyddiau yma'n cyfrannu'n helaeth iawn. Meddyliwch, er enghraifft, am y bardd T. S. Jones, a fu farw yn Awstralia, a'r llenor hwn, awdur y gyfrol *Gwawr y Bore*, yn dweud wrtho 'you are destined to live on your grandmother's memories'. Mae hwnnw'n ddweud aruthrol fawr, hyd y gwelaf i.

'Rwy'n cofio Mam-gu yn Esgerceir,' medde Gwenallt,
'yn eistedd wrth y tân ac yn pletio'i ffedog.
Croen ei hwyneb mor felynsych â llawysgrif Peniarth a'r
Gymraeg ar ei gwefusau oedrannus yn Gymraeg
Pantycelyn.
Darn o Gymru biwritanaidd y ganrif ddiwethaf ydoedd hi.
Ac roedd fy Nhad-cu yn gymeriad; creadur bach, byw,
dygn, herciog ac yn hoff o'i beint.
Crwydryn o'r ddeunawfed ganrif ydoedd ef.
Codasant naw o blant.
Beirdd, blaenoriaid, athrawon Ysgol Sul, arweinwyr yn eu
cylchoedd bychain.

Tybed, o'r naw o blant, o'r neiaint, o'r wyrion, faint o'r rheini heddiw, efallai, sydd yn ddi-Gymraeg, 'destined to live on your grandmother's memories'. Mae 'na gwlwm cysylltiol rhwng y naill a'r llall fel sydd yn gwbl amlwg yn y Sir hon. Dyna i chi fardd arall, Bryn Griffiths o Abertawe, hwnnw'n dweud 'I am part of this country'. Waldo'n dweud rhywbeth yn debyg, 'ynof mae Cymru'n un'. Y ddau wedi cael eu hysbrydoli gan Sir Benfro. Y garreg a'r gromlech a'r maen yn dweud wrth Bryn Griffiths fod ei gyn-deidiau yn llefaru gydag ef. Hoffwn i weld y cartrefi hyn yn dod fel y gellir cael undod y genedl unwaith eto pan fydd yna ddeialog rhwng y Cymry Cymraeg a'r rhai di-Gymraeg, oherwydd fe all y di-Gymraeg, rwy'n credu, roddi llawer iawn i ni'r Cymry sydd yn medru'r iaith.

175

Mae hyn yn fy arwain i at brif bwynt yr hyn sydd gennyf i'w ddweud y prynhawn yma—I bwy yr ŷm ni'n perthyn? I bwy y mae pob un ohonom ni yn y gynulleidfa hon heddiw yn perthyn? Dyna yw 'nhestun i. 'Yntau Pwyll, Pendefig Dyfed a ddaeth i'w deyrnas ac i'w wlad a dechrau ymofyn â gwyrda ei wlad beth a fuasai ei arglwyddiaeth ef arnynt hwy y flwyddyn honno wrth a fuasai cyn hynny.' Chi'n gweld, roedd Pwyll wedi cymryd lle Arawn yn Annwn am flwyddyn gyfan, a'r un modd, roedd Arawn yntau wedi bod yn teyrnasu yn Nyfed a'r hen Bwyll druan yn llawn cyw-reinrwydd ar ôl i'r flwyddyn ddod i ben am wybod sut yr oedd yr arglwyddiaeth, sut yr oedd y weinyddiaeth yn ei absenoldeb ef. Sut un oedd y Pwyll yma? 'Gŵr bonheddig o'i gorun i'w sawdl,' medde Gwenallt am D.J.—yr un peth am Pwyll. Y bobl yma a'r cynefin yma fowldiodd ei fywyd ef, hynny yw, roedd gan Bwyll barch at ei bobl ac yn yr un modd roedd gan y bobl barch ato yntau. Beth am Arawn? Trefnus, gweinyddwr da ond gŵr o wlad estron wedi dod o Annwn i deyrnasu yn Nyfed. Nid oedd y gweithiwr ond llythyren a rhif yn rhyw fantolen anghyfrifol draw. Roedd y gweinyddu yn bwysicach na'r elfen bersonol. Hynny yw, doedd dim cof gan Arawn ond roedd cof gan Bwyll am ei Ddyfed. Yr un cof â'i bobl ef ei hunan; roedden nhw'n perthyn i'w gilydd, wedi rhodio yr un meysydd, wedi dringo yr un llechweddau, yn adnabod y gilfach a'r lan a'r marian, yr un dyheadau, yn siarad yr un iaith, yr un ddawn oedd yn nwfn y galon. Hynny yw, roedd Pwyll yn perthyn, doedd Arawn ddim. Fe wyddai Pwyll sut i gadw tŷ mewn cwmwl tystion am ei fod ef yn gwybod pwy oedd y cwmwl tystion; roedd ef yn eu hadnabod nhw. Wel, beth ddwedech chi yw adnabod? Yn ôl Waldo eto 'cael un gwraidd dan y cang-hennau' ac mae'r sumbol yma yn sumbol sydd wedi cael ei ddefnyddio gan feirdd ar hyd y canrifoedd. Roedd Beirdd yr Uchelwyr wrth eu bodd yn sôn am 'gadernid y goeden' a'r dderwen yn arbennig am mai hi oedd ar frig Cadwyn Bod. 'Y Dderwen yma,' medde Dafydd Nanmor wrth gyfeirio at Rhys Maredudd a theulu'r Tywyn, 'wedi bod yma am gen-edlaethau' ac yn dymuno iddo, 'oes hir ar ei dir fel derwen'. Y goeden braff yma a'i gwreiddiau'n ymestyn yn ddwfn i bridd y ddaear ac yn aml-ganghennog—y tylwythau wedi

176

dod at ei gilydd ac yn cael eu nawdd o'r un pridd, o bridd y ddaear.

Heb gof, heb genedl. Cof cenedl yw ei hanes ond fe geidw cenedl ei chof yn fyw drwy ofalu fod ei hanes yn rhan o'i haddysg a dyna ddagrau pethau i mi, yng Nghymru yn ystod y ganrif ddiwethaf yma. Chi, sydd yn perthyn i Bwyll-gorau Addysg, wnewch chi wrando? Gobeithio y gwnewch chwi wrido yn ogystal! Gyfarwyddwyr Addysg y siroedd, prifathrawon ysgolion—yn arbennig ysgolion uwchradd, darlithwyr colegau, athrawon ysgolion, gwrandewch. Gwrandewch ar ddychan y bardd hwn ac mae ef yn llygad ei le:

> Yn gynnar eisteddem i lafarganu siâp hanes
> Dysgu am Lisa Drws Nesa.

Rwy'n adnabod y bardd yma, does ganddo fe ddim byd yn erbyn y Frenhines mwy nag sy gen i, ond yn y cyswllt hwn . . .

> Dysgu am Lisa Drws Nesa a gwybod dim am mam
> Ten Sixty Six, Ten Sixty Six . . .
> Ac nid oedd i Lanfair-ym-Muallt le yng nghuriad yr alaw.
> Rhigymu ddoe ar gam.
> The Spanish Armada, Fifteen Eighty Eight, Fifteen Eighty
> Eight
> A'r llong o Lanrhaeadr-ym-Mochnant yn hwylio'n llwythog
> gan oludoedd yr adnodau
> A ninnau heb wybod ond am y boi yn chwarae bowls.

Oes angen dweud mwy? Un o anghenion mwyaf addysg yng Nghymru, hyd y gwelaf i, yw rhoi cof i'n plant ni. Mae dysgu iaith yn bwysig ond os rhoir cof, os dysgir hanes, mwy na thebyg y bydd yna awydd angerddol wedyn i ddysgu'r iaith. Dysgu am ddaearyddiaeth, dysgu am hanes ein gwlad, chwedlau ac alawon, canmol ein gwŷr enwog a phopeth arall sy'n berthnasol i fywyd iach yma yng Nghymru. I'r di-Gymraeg fel y lleill ohonom ni—Astud-iaethau Cymraeg—galwch ef yn bwnc fel yna. Mae'n dda gennyf ddweud fod yna un Coleg wedi mabwysiadu hyn. Maddeuwch y 'commercial' ond mae'n dda gennyf ddweud, ac rwy'n meddwl ei bod hi'n bwysig aruthrol pe byddai pob ysgol yn cael testun fel hwn er mwyn i'r plant wybod am ogoniant ein cenedl fach ni a'r un modd hefyd y deuir at y peth y bues i'n sôn amdano gynnau, sef at undod ein cenedl ni. Beth oedd yr ateb a gafodd Pwyll? Rydych chi'n cofio ei gwestiwn e, 'yntau Pwyll a ddaeth i'w deyrnas ac i'w wlad a dechrau ymofyn â gwyrda ei wlad beth a fuasai ei arglwyddiaeth ef arnynt hwy y flwyddyn honno wrth a fuasai cyn hynny?' Mae'r gwyrda yn fodlon rhoi ateb iddo a dyma'u hateb, 'Arglwydd' eb hwy 'ni bu gystal dy gwrteisi, ni buost hygared gwas dithau, ni bu gyn hawsed gennyt tithau dreulio dy dda'. A dyma i chi ergyd—'ni bu gwell dy weinyddiaeth erioed na'r flwyddyn hon'. Un o broblemau mawr ein hoes ni yw'r dibersonoli sydd ym mynd ymlaen. Mae hyn i'w weld yn y modd yr ydyn ni'n tybio fod rhywbeth mawr yn bwysicach na rhywbeth bach. Y pellter sy'n fawr—dŷn ni ddim digon agos—mae'r agosat-rwydd wedi mynd. Clywch y geiriau—dim cwrteisi—doeddet ti ddim mor ffein wrth berson, er hynny roedd y weinyddiaeth yn iawn ac mae'r ddeuoliaeth yma'n dig-wydd mewn gwledydd eraill. Dyma, rwy'n meddwl, y dad-eni mawr sydd yn digwydd drwy'r byd ac ieuenctid yn gwrthryfela yn erbyn y sefydliad. Roedd gymaint o sôn ar y teledu yr wythnos diwethaf fod Cymru'n gwbl amherth-nasol i hyn. Na, mae'r union beth yn digwydd yng Nghymru hefyd, mae yna ddadeni mawr, mae yna gyffro mawr yng Nghymru y dyddiau hyn ac mae'n rhan o'r pat-rwm byd-eang. Yr unig wahaniaeth, ac mae'n dda gen i ddweud hynny ar lwyfan yr Eisteddfod Genedlaethol, lle mae anarchiaeth yn digwydd mewn gwledydd eraill mae yna rywbeth bywiog yn digwydd yng Nghymru; mae'r bobl ifanc yn gwybod beth maen nhw'n ymladd drosto. Yma, yng Nghymru, y mae yna ddelfryd ac mae'n ddelfryd dda ddychrynllyd,—Y Dadeni. Rŷm ni wedi cael sawl dadeni yn ein hanes. Roedd yr Athro Caerwyn Williams, y llynedd o'r llwyfan hwn, yn sôn am Y Dadeni Llenyddol Cyntaf, sef Dadeni'r Gogynfeirdd, y beirdd yn canu i Owain Gwynedd, Llywelyn Fawr, Llywelyn ein Llyw Olaf. Dadeni mawr oedd hwnnw, ac yna, Beirdd yr Uchelwyr, nifer o'r rhain yn canu i'r gwrthryfela, ŷch chi'n gweld roedd y gwŷr yn sôn am farwolaeth Llywelyn ein Llyw Olaf yn credu ei bod ar ben arnom ni—

Oni glywi di hynt y gwynt a'r glaw
Oni glywi di'r deri'n ymdaraw.

Wedyn,

Os marw yw hon is Conwy
Ni ddylai Mai ddeilio mwy.

Dyna'r agwedd, yr athroniaeth a'r ddiwinyddiaeth yma o ddyfodiad rhyw ddadeni drwy'r mab darogan. Roedd Beirdd yr Uchelwyr yn ymwybodol ohoni, roeddent yn dal i ganu i Glyndŵr ac eraill o'r Uchelwyr yma. Yna, yr unfed ganrif ar bymtheg, canrif o ddigwyddiadau—y Dadeni Dysg. Y ddeunawfed ganrif—y diwygiad gwerinol, y diwygiad clasurol hyfryd. Ac yna i'n canrif ninnau—nythaid o lenorion gwych. Tybed a gawn ni weld eu cystal byth eto? Y dadeni llenyddol ar ddechrau'r ganrif. Ond, gyfeillion, wedi dweud hynyna ac mae yna faes eang gan y pryddestwyr y prynhawn yma, rwy'n mawr obeithio mai'r bardd sydd wedi ennill y prynhawn yma yw'r bardd sydd wedi canu'n gyfoes ac wedi canu i'r Dadeni byw, egnïol, nwyfus yma, llawn bywyd a berthyn i'n hieuenctid ni y dyddiau hyn. Mae'r rhain wedi mynd trwy'r Pair Dadeni ac rydyn yn gweld y dyddiau hyn fod bywyd yn ddiddorol, mae e'n lliwgar ac mae holl hanes gwleidyddiaeth Cymru yn llwyd ac yn shabi o'i gymharu ag ef. Yr elfen liwgar hon, rwy'n credu, y dylen ni ei chlodfori hi y dyddiau yma. Yn awr, ble rydyn ni'n sefyll? Pwy blannodd yr hedyn? Mae cymaint ohonon ni'n barod y dyddiau hyn i dynnu'n ôl—i dynnu'n ôl, i ddarnio ac i feirniadu ac i gollfarnu ein hieuenctid. Pwy blannodd yr hedyn ym mynwes y bobl ifanc yma? Ai'r famgu yn Esgerceir a'r Gymraeg ar ei gwefusau oedrannus yn Gymraeg Pantycelyn? Ai hi a blannodd yr hedyn? Ai'r gweinidog hwnnw yng nghefn gwlad Cymru yn ei bulpud gwledig yn Amos? Ai ef a blannodd yr hedyn? Ai'r athro ysgol oedd yn cyfeirio at y nwyd gwladgarol? Ai'r cynghorydd oedd yn gwrthod derbyn dim oedd yn Gymreig a Chymraeg? Ai'r aelod seneddol hwnnw a fu'n taflu ei gôt fel y creadur gyda phob tymor? Pwy sy'n plannu'r hedyn? Pwy sydd yn gyfrifol am y gwreichionyn ym mynwesau'r bobl ifainc yma? Ai chi, ai finnau? Am wn i, mae'n rhy ddiweddar i ni dynnu'n ôl. Mae gyda ni'r canol oed, a'r

179

uwch ganol oed a'r uwch, uwch ganol oed ein lle, rwy'n siwr, rywle yn y darlun, yn y portread cyflawn. Hwyrach fod lle i ni bontio, ac mae angen pontio, rwy'n sylweddoli hyn i'r byw ond mae'n rhaid i ni wybod lle yr ydyn ni'n sefyll y dyddiau hyn. Mae'n rhaid i ni gymryd ochr. Fedrwn ni ddim eistedd ar ben y llidiart mwyach. Ai perthyn i Bwyll rydyn ni? Ai perthyn i Arawn? Ai perthyn i Archesgob Cymru ynte i'r Arglwydd Ganghellor? Mae'n rhaid i ni wneud ein meddwl i fyny y naill ffordd neu'r llall.

Ga i orffen drwy gyfarch Pwyll a dweud wrtho ei fod ef wedi bod yn gwrtais. Roedd yr elfen bersonol wedi mynd allan o weinyddiaeth Arawn yn gyfangwbl, doedd e ddim yn adnabod ei bobl, doedd e ddim yn perthyn, doedd ganddo fe ddim o'r gwreiddiau, doedd ganddo fe ddim o'r cof. Ond roedd Pwyll yn adnabod ei bobl. Diolch am y cwrteisi, diolch am yr hygaredd, diolch am yr haelioni a'r caredigrwydd. Rydych chi'n cofio'r ergyd—'ni bu gwell dy weinyddiaeth erioed na'r flwyddyn hon'. Beirniadaeth ar Bwyll? Nage, mewn gwirionedd roedd gweinyddiaeth Pwyll yn llawer gwell oherwydd roedd ef yn gwir adnabod ei bobl a dyna, gyfeillion, rwy'n meddwl, sy'n bwysig yn y pen draw.

Barry John, Carwyn a Dai Francis—Llywydd Undeb y Glowyr yng
Nghymru.

Dysgodd ei grefft yn Y.M. William Thomas yn Rhydlewis, Ceredigion.

LLAWENYDD A THRISTWCH

(Sgwrs radio gan Carwyn James a ddarlledwyd gan y B.B.C.
7 Mawrth 1960)

Pan fo bywyd yn ddwys a'r croes-dynnu ar ei chwyrnaf fe fydda' i'n eiddigeddus iawn o blant bychain a hen bobl. Yr hen, hen bobl tebyg i'r gwragedd hynny a welais gynt yn Llydaw a oedd i bob golwg wedi goroesi bywyd a bedd. Ches i fawr o gyfle i sgwrsio â'r un ohonynt, ond cofiwn am- danynt yn aml wrth dorri gair â hen wraig a drigai yn fy ymyl, gartref. Y tywydd a'r tân a'r marw oedd ei sgwrs— moethau bywyd iddi hi. Byddai clywed am farwolaeth dieithryn filltiroedd i ffwrdd yn rhoi nerth ac ynni newydd iddi, yn 'mestyn ei hoes. Llifai'r dagrau dros ei gruddiau ond yn yr eiliadau prin hynny nid â thristwch yr ymdeimlwn ond gwyddwn, mor siwr ag y gall dyn fod—fy mod wyneb yn wyneb â gorfoledd Angau ei hun. Rhuthrai'r hen wraig druan i dŷ galar, ymgartrefai'n foethus ynddo cyn ei gyr- raedd ymron a byddai ei chydymdeimlad yn aruchel yn ei gyfuniad o dristwch ymddangosiadol a'i orfoledd mewnol. Llawenychai yn ei thristwch. O'i gweld a'i hadnabod, y tristwch imi ar yr adegau hynny oedd mai dyma'r unig groes-dynni a'i gwnâi'n ddynol o gwbl; iddi hi 'roedd popeth arall wedi darfod. Bywyd negyddol didensiwn plant bach a hen bobl.

Siwr o fod mai drama yw bywyd yr unigolyn. Gwrthdaro. Croes-dynnu a thyndra. Tensiwn. Dyna, efallai, yw hanfod celfyddyd. Gallwn feddwl fod natur dyn yn gwrthryfela yn erbyn y stad bur, unrhyw. Myn gymhlethu pethe gan wahodd ac anwesu profiadau croes. Ac eto, o ystyried, mae hyn yn ddigon naturiol gan mai dyna sy'n diogelu cyd- bwysedd y meddwl, gallwn feddwl, dan bwysau profiadau dwys. Haws athronyddu a dadansoddi myfyrdodau fel hyn yn gwbl haniaethol na cheisio'u profi'n eglurebol trwy gyf- rwng rhyw brofiadau arbennig. Ond mentraf.

Ac o fentro, nôl â ni i fyd angau ac angladd. Crwtyn trow- ser byr oeddwn i ar y pryd yn gafael yn dynn yn y llenni llwyd trist a dynnwyd ar draws y ffenestr ffrynt o barch i gymydog. Cofiaf amdanaf fy hun yn llaw fy mam yn tyllu'r llenni â'm trwyn a chlywed eu haroglau parchus yn fy ffroenau; gwylio'r orymdaith wrywaidd a ymgripiai'n araf fel sarff ddu am filltir hir. Milltir o angladd ar droed a'r arch yn cael ei chario. Yr angladd mwyaf erioed yn ein hardal ni, o leiaf dyna a glywais i lawer yn dweud y pryd hwnnw, ond pa ryfedd yn wyneb sydynrwydd y peth: cwymp yn y pwll glo, gŵr ifanc—grymus a chryf yn ei waith ac ar y maes chwarae, poblogaidd gan ei gyd-weithwyr a'i gyd-chwar-aewyr. 'Roeddwn innau yno yn gynnes yn yr ystafell yn gafael mewn llaw gynnes, ond gwn i mi'r eiliadau hynny ymwybod â gwacter a thristwch a rhyw oerni annaturiol. Pan edrychais i'w llygaid dwyshawyd y profiad imi pan welais ei golwg bell a phrudd fel yr edrychai drwy'r llenni i gyfeiriad pwll y Cross. Yr ennyd honno collais yr angladd a gwibiodd fy meddwl dros ffiniau amser i ryw fyd anweledig a minnau *yno* yn y canol yn fy angladd fy hun: yn ganol-bwynt nwyd y torfeydd a ddaeth ynghyd, a chlywed geirda digri'r Gweinidog yn y capel orlawn. Clywais lais yn galw arnaf, syrthiodd fy llaw wrth fy ochr, 'roedd hi'n gynnes eto yn yr ystafell ond nid oedd gorymdaith i'w gwylio mwyach.

O edrych yn ôl fel hyn cymysg fydd ein teimladau wrth geisio croniclo ymgais plentyn i ddianc rhag gormes trist-wch a phrudd-der a'i sianelu i gyfeiriad gorfoledd a llawen-ydd. Y plentyn yw tad y dyn. Mae llawer o'r plentyn ynom ond bod angladdau, fel popeth arall, o dipyn i beth yn mynd yn hen ffasiwn. Byddwn innau erbyn hyn, rhaid i mi gyf-addef, yn llai parod i ymorfoleddu ym mharchusrwydd fy angladd fy hun.

Digwydd y profiadau hyn i'r gwrthwyneb hefyd pan dry gorfoledd yn dristwch. Dyma'r eiliadau gorfoleddus diflan-edig; y tristwch yw ein bod yn anterth y profiad yn sylwedd-oli eu *bod* yn eiliadau diflanedig. Dônt pan welwn dlysni blodyn, maent yn rhan o brofiad trist mab a merch mewn cariad pan sylweddolant ar yr awr hapusaf nad yw'r pryd-ferthwch i bara am byth, yng nghanol simffoni ddyrchafol daw'r eiliad drist ac fe'i canfu'r bardd hi:

And Time that gave doth now his gift confound.

Sylweddoli bod diwedd i gyffroadau aruchel, hapus yw'r tristwch llethol.

Ond mae yma rywbeth go debyg i dristwch hefyd sy'n

ymwneud â phrofiadau ar lefel is—ein profiadau bach cyff-
redin, beunyddiol. Dywedodd yr ysgrifwr:

Yr wyf wedi credu bob amser mai'r disgwyl mwyaf sy'n
siomi fwyaf.

Wn i ddim. Ond fe wn i fod yna bleser mwyn yn y disgwyl.
Trip ysgol Sul, noswyl a bore'r Nadolig, gêm go fawr, gwyl-
iau ysgol. Yn fynych bydd y disgwyl gobeithiol yn felysach
na'r profiad ei hun. Dyma gyffes ffydd crwtyn ysgol y dydd
o'r blaen:

'Rwy'n mwynhau'r holl sôn am y gwyliau yn ystod y tymor,
yn edrych ymlaen atynt a chadw cyfrif o'r dyddiau a'r oriau
a'r eiliadau sydd eto ar ôl, a hyd yn oed eu byw ymhell cyn
iddynt gyrraedd. Ond o'u dyfod a'u cael, yn fuan iawn mi
fyddaf wedi laru'n lân arnynt. 'Does dim i edrych ymlaen
ato yn y gwyliau.

Llochesu a dianc rhag tensiwn bywyd. Chwilio am law-
enydd a'i gael, ac yna ei golli. Efallai iddi lawio ar ddiwrnod
y trip ac efallai na chawsom yr hyn a ddewisasom dros y
Nadolig. 'Doedd fawr o wahaniaeth erbyn hynny.

Tybed pa faint o Gymry a gafodd brofiadau tebyg yn y llu-
oedd arfog i un y crwtyn yn yr ysgol. Yn yr wythnosau cyn-
taf yn y llynges bu raid imi adeiladu cragen imi fy hun yn
gysgod rhag slicrwydd y bywyd newydd artiffisial hwn
('roedd hyd yn oed yr addoli yn slic) a thrigais yn gymharol
hapus ynddi wrth ddyheu'n feunyddiol am ddyfodiad y
'leave' gyntaf oll. Ac fe ddaeth. Gwenai'r haul er gwaethaf y
ffurfafen dywyll. 'Roedd y trên a'r bws yn llawen ac yn
llamu i ben y daith. Disgyn yng Ngharreg-hollt a hawdd
heddi fel cynt oedd gofyn i Jac Jones, un o feirdd 'Llwch y
Lolfa' a eisteddai fel arfer yn ei gwrcwd, 'Shwd mae'r awen
Jac Jones?' Brysio'n llawen dros Dyle Coch gan gyfarch
pawb yn siriol, gwenu ar y Swyddfa Bost a'r hen ysgol ar
sgwâr y pentre, a dyna'r tŷ lle'm ganed. Aros ennyd . . . ac
yn yr aros fe'm meddiannwyd gan banig ac arswyd y
trymder difwynhad a brofodd y bardd:

. . . arswyd gweled ôl tristâd
Ar wedd fy mam neu'n llygad llym fy nhad.

Cymysg hefyd yw profiadau'r gêm fawr. I mi, eiliad o wir

184

lawenydd, o ecstasi, oedd honno pan glywais fy enw am y tro cyntaf ymhlith y pymtheg i chwarae dros Gymru. Awr fuddugoliaethus i ffrindiau a chymdogion a chefnogwyr—a rhieni, a melys yw rhannu'r gorfoledd â hwy. Ond 'dyw'r ennyd hon chwaith ddim yn para'n hir yn ei phurdeb glân gan fod yr eiliad ddistaw, ddigwmni'n fuan yn codi'i phen yn llawn stres a straen a snecia'r ofnau a'r amheuon yn llu i'r ymwybod gan ei feddiannu a'i lethu. Ar adegau tawel digynnwrf bydd y ddau fŵd—yr un llawen a'r un pryderus—yn ymdoddi'n dawel i'w gilydd ond pan fo cyffro ar gychwyn croesdynnant yn greulon. Cofiaf yn arbennig sylw miniog un o gritics gwybodus y gêm am chwaraewr enwog a oedd yn amlwg yn un nerfus dros ben:

Ar ôl chwarter awr o'r gêm heddi fe fydd e'n dechre gofidio am gêm ddydd Sadwrn nesa.

I mi, yr hyn sy'n creu tensiwn yw cael pobl a phethe i dynnu sylw at yr hyn sydd i ddigwydd, ac ar ddiwrnod y gêm fawr mae 'na ddigon o'r rhain. Cerdded o'r gwesty i'r ystafell wisgo—miloedd ar y strydoedd, dwsine'n cyfarch—

'Na dy ore';   'All the best';   'Shwd mae hi i fod?'

Gwenu'n serchus ar bawb a chreu argraff ddiflino. Dyma hi'r ystafell wisgo. Gwag siarad â'm cyd-chwaraewyr yn gyflym nerfus a chlywed yn y pellter floeddiadau a chanu gorfoleddus, ysbrydoledig y dorf. Pwy sydd deilwng o'r rhain? Cael y siersi goch—symbol o Gymru a phwy yw Cymru gyfan heddi ond *nyni*. Y fath syniad. A rhywbeth tebyg yw'r profiad pan genir yr Anthem Genedlaethol cyn dechre'r chwarae—gynt yn y stand mor wych y teimlwn ac mor siwr o fuddugoliaeth—heddi mor ofnus ac mor nerfus, ac mor fychan. Ie, dyna'r ofnau.

Rhaid inni beidio â chymysgu ofnau a thristwch chwaith. Dyma i chwi wir dristwch. Moment gwbwl orfoleddus yn fy ngyrfa ar y maes chwarae—sgorio cais dan y pyst dros Gymru (fel y digwyddodd, hwnnw oedd yr unig un erioed) a'r dyrfa'r eiliad honno ar ei thraed yn bloeddio'n orffwyll. Ac wrth ddod nôl i'm hanner fy hun a blasu'r awyrgylch drydanol dyma law ar fy ysgwydd a llais Rees Stephens yn torri ar fy ymsonau ac ar sŵn y trigain mil:

Gwna'n fawr o'r eiliad hon 'machgen i, efalle na ddaw hi ddim eto.

Llawenydd ecstatig ar ennyd amrant wedi'i throi'n drist-wch wrth sylweddoli i'r byw mewn stad gyffrous mai diflan-edig yw'r eiliadau prin ac nad oes dychwelyd iddynt.

Cefais brofiad digon od y noson o'r blaen. Digwydd syllu'r oeddwn, heb fod yn gwbwl ymwybodol o hynny, a hynny am y milfed tro am wn i, ar lenni f'ystafell. Rhai llwyd-frown, tawel, di-ffŷs. Pethe digon rhyddieithol fu'r pethe hyn erioed i mi, er bod y llenni yma pan ges i nhw gynta, wedi fy moddio *dipyn* hefyd. Ond wrth syllu arnynt y noson hon, fe'm trawyd yn sydyn gan y syniad—chwyl-droadol yn fy mhrofiad i—nad oeddynt yn rhai hardd o gwbwl. Weithian 'roeddynt yn ddi-chwaeth ac os rhywbeth yn anharddu'r pethe o'u cwmpas, a sioc oedd sylweddoli hynny a minne wedi byw gyda nhw cyd. Ymfalchïais yn fy mhrofiad, teimlais yn llawen o'i blegid ond ar yr un pryd fedrwn i lai na theimlo'n drist fod fy ymateb i'r pethe cynefin, cyfarwydd yn gallu newid—y gallwn ddiflasu hyd yn oed ar y pethe a fu'n annwyl i mi erioed. 'Doedd y newid ynof ddim yn boen, araf yw'r broses, y canfod oedd yn drist.

'Does ryfedd yn y byd i'n llenorion a'n harlunwyr ganfod llawenydd a thristwch nghlwm wrth ei gilydd neu eu gosod felly gan fod y gwrthdaro a'r cyferbyniad yn dwysau'r naill haniaeth neu'r llall. Dwy goes yn codi'n ddigri o'r môr wedi codwm oddi ar glogwyn ac yng nghefndir y llun llong yn ei llawn hwyl yn hwylio'n llawen ar y cefnfor tan belydrau'r haul ac yn dwysáu'r trasiedi. Darlun o Grist ar y Grog yn ei boen a'r boblach yn chwerthin a chrechwenu arno.

Mae'r ddeuoliaeth yma ynom—yn y pridd, yn yr awyr, yn ein byw a'n bod. Mynegwyd y peth yn gelfydd gan Syr T. H. Parry-Williams wrth alw ar i Grist drugarhau wrthym:

> Canys, nid oes un gaeaf nad yw'n ha',
> Na chysgod nos nad yw'n oleuni dydd,
> Nac un dedwyddwch chwaith nad ydyw'n brudd,
> Ac nid oes unrhyw Ie nad yw'n Na.

Yr Annibynnwr a'r Catholig

CERDDI

Siom

Minnau'n llawn hoen ac mewn hwyl anghyffredin
Chwaraeais fel arwr y gad,
Disgwyliwn yn awchus am glywed y newydd,
A'm dewis fel maswr y wlad.

Drannoeth a minnau'n llawn hyder a sicrwydd
Ces gerdyn ar drothwy y drws—
Yr hyder a'r sicrwydd yn araf ddiflannu,
Pa newydd—ai cas ynteu tlws?

Oedais am funud gan feddwl drachefn
Ai arwr neu lwfryn o'wn i?
Wel, do'n eithaf sicr chwaraeais fy ngorau
A'r maswr oedd—neb ond myfi.

Ond syrthiodd fy nhrem ar air annymunol
A syrthiodd fy ngwep yr un pryd,
I lawr daeth fy nghestyll fel castell ar dywod
A llanwodd fy nghalon â llid.

Carwyn James
Dosbarth VI
Ysgol Ramadeg y Gwendraeth

*   *   *

Carwyn James

Yn nhai dysg, ofer disgwyl—y maswr
Nac ym maes y Brifwyl;
Ni ddaw o gynnar arwyl
Amsterdam i Strade i hwyl.

Dic Jones

188

Carwyn James

Daeth braw i aelwyd Hawen—awr astud
  A thristwch, du'r wybren:
  Un fu'n llyw, yn fab ein llên,
  Llwch ydyw, gynt llucheden.

Ingol fu torri'r gangen—mawr ei les,
  Ac mor llawn ei raglen:
  Edrydd yr hirgron bledren
  A'i lawn hwyl, a'n hil yn hen.

Cofio am fab y Cefen—urddasol
  A siriol, gwir seren:
  Hardd y llais, gŵr priffordd llên
  'N ddilys i'r olaf ddalen.

Un brwd, nid amrwd Gymro—ac mor slic
  Ei dro cwic cyn cicio:
  Un di-frad a da i'w fro,
  Ohoni aeth i huno.

Yn gydnaws a'i hynawsedd—ei dalent,
  Mor deilwng ei duedd,
  Ŵr annwyl a'i wir rinwedd
  Yn mynnu byw er mewn bedd.

Isel lef fab tangnefedd—a rhywfodd
  Anodd rhifo'i fawredd,
  Hen awr fud a chynnar fedd
  I ŵr ifanc mae'n rhyfedd.

D. Brinley Thomas

Carwyn James

Ni welir mwy ei ddawn ar Barc y Strade,
  Na'r Llywydd mwyn yn eistedd yn ei sedd;
Mae'r hwn fu'n ymddiddori yn y 'Pethe'—
  Y bywiog ŵr—yn llonydd yn y bedd.

Hyfryd oedd gwrando arno'n datrys awdl,
  A'r geiriau yn byrlymu dros ei fin,
A chyn pen fawr o dro, yr un mor huawdl,
  Yn annog ei Lanelli hoff i'r drin.

Teithiodd y byd a phrofi gwin a gwermod,
  Ond daliai'r wên mor hynaws ag erioed.
Yn Seland Newydd cyrraedd brig awdurdod,
  A'r meistri gynt yn plygu wrth ei droed.

Y llednais ŵr a'r gŵr bonheddig rhadlon,
Heddwch i'th lwch ymhlith yr anfarwolion.

Gwynfil Rees
Llan-non

Carwyn

Darllenai'r gêm fel darllen cerdd, â dawn
Y meistr troes bob chware'n farddoniaeth fyw.
Ym mhair swnllyd y Strade ar brynhawn
Efe oedd bensaer pob symudiad syw.
Ond mwy oedd ef na'r gêm, y sgolor gwych
A wybu ddatrys gyfrinachau llên,
A'u rhoi gerbron myfyriwr fel mewn drych,
Neu dynnu'r mêl o ryw lawysgrif hen.
Yn neuadd dysg neu stadiwm froch y bêl,
Ar werth yr unigolyn byddai'i fryd;
Y gŵyl gymhellydd a'i fonheddig sêl,
Y Cymro Cyfan yn ei gyfan fyd.
Tra erys awdl a phêl nid â ar goll
Enw athrylith unig y doniau oll.

Glyn Hopkins

I'm Cyfaill Carwyn James

Ni phrofais i mo'r awydd
    A brofaist ti, erioed,
Sef bwrw i chwaraeon
    A chicio rhyw bêl-droed:
Na'i thaflu hi o law i law
Heb falio dim am wynt a glaw.

Ni theimlais ias 'r un dyrfa
    Yn gweiddi gwres ei gwaed;
A'm henw ar ei gwefus
    Yn gyrru'n gynt fy nhraed:
A thorri trwy ryw 'set o facs',
A sgorio trei mewn dŵr a llacs.

Eisteddais dro mewn cadair—
    Anesmwyth lawer pryd;
A throi y bŵl i wrando
    Ar bicil dwl y byd:
Neseais wedyn at y tân,
I nyddu pennill bach neu gân.

Ond cefaist ti'r anrhydedd
    O chwarae dros dy wlad;
Nes rhoi i ni'r segurwyr
    Trwy d'ymdrech wir fwynhad:
I ti, sy'n eilun bach a mawr,
Dos yn dy flaen, fe ddaeth dy awr.

D. H. Culpitt

(*Heulwen Tan Gwmwl*, Llyfrau'r Dryw, 1960)

Carwyn James

(Cerdd fuddugol Eisteddfod Gadeiriol Llanilar,
1 Ebrill 1983)

Dail y tiwlip yn llipa
Heb liw mewn gaeafol bla
A'r genhinen las heno
Yn friw ym mherllannau'r fro.

A noeth yw Parc Cefneithin,
Yn wag fel costrel heb win
A'i dalent yn y dulawr
Llonydd dan y Mynydd Mawr.

Y mae'r bwlch yng Nghymru'r bêl
Yn rhewi yn yr awel,
Gwae'r maes heb sgôr y maswr,
Heb lein gais, heb lun y gŵr.

Â thristáu wna llwybrau llên,
I'w glyw ni ddaw sigl awen
Arwyr o Rydcymere
A'r Allt Wen o dir y De.

Eilun o foi! Ail ni fu
I Garwyn yn gwiweru
Lawr y maes rhwng gwylwyr mud,
A hwy'n wyrgam eu hergyd!

Hyfforddwr praff o urddas,
Un dewr oedd ffyddlon i'w dras.
A oes troed ar faes Strade
Nad yw yn ei ddyled e?

Ef, y glew ym mysg Llewod
A'i ddawn wych i gyrraedd nod,
Yn deyrn ar y Crysau Du
Arnynt heb unwaith chwyrnu.

A'u dal yn Nyfed eilwaith,
Y 'naw: tri' oedd tŵr ei waith.

Yr hen Sosban a ganai
Oriau hir drwy'r tir a'r tai
Ei hencôr i sgôr y sgwad,
Ias gorlif i'r crys sgarlad!

Pa lewyrch oedd heb 'Player'?
Ei mwg fu braint saint a sêr!
Cymen ei farn mewn cwmwl—
Tip i wŷr o Bont-y-pŵl
Neu selog gewri Seilo
Â thant ei genhedlaeth o.

Doctor cyfrwys ei dacteg,
Un tyn am y chwarae teg,
Hyder taith, a derw tîm,
Didwyll edmygedd deudim.

Onid tlawd yw'n teledu?
Ei ddiragfarn farn a fu
Uwch gleber wlych y clybiau
A gwaedd y proffwydi gau.

Ni welai ef haul y wawr
Ŵr unig ar rwn Ionawr,
'N Amsterdam darfu'r tramwy
I senedd maes ni ddaw mwy.

Dewin diwyd yn dawel
Ymhell o hud byd y bêl,
Hir ei barch, a phedwar ban
Yn cofio'r Cymro cyfan.

Vernon Jones
Bow Street

Cofio Carwyn

Mae dagrau'n staen o hiraeth
   dros y Mynydd Du,
a chopaon Shir Gâr
   yn wylo.
Chwytha'r gwynt
ynghanol y sôn chwerw a'r dychryn
   dros y brwyndir trist,
a Llyn Llech Owain.

Mae llygaid yr hen gydnabod
   yn syfrdan dan arswyd
dy fynediad oddi wrthym.
Yn wyneb codiad haul
   mae ffenestri Cefneithin
y dwthwn hwn yn ddall
   i gymhelliad y golau
sy'n rhoi sglein ar erwau'r glo.
Daeth tywyllwch
   i enaid y cwm.

Cwm Gwendraeth a'r Mynydd Mawr,
Y Strade, a choridorau ysgol a choleg,
aethost ymhell y tu draw
   i'w ffiniau hwy.
Ond ni ddihengaist erioed
   rhag dy gynefin
yn Y Pethe;
ni ddymunaist ddianc 'chwaith
oblegid yno'r oedd
   Y Tŵr Cadarn.

Plygaist gyda Gwenallt
   Yn ias rhyw bererindod
na ŵyr y bobl slic amdani.
Adnabuost dy Gymru,
Cymru'r saint a'r pechaduriaid;
aethost i gell ddirgel
ei chalon a'i serch.

Fe gofiwn amdanat
pan ddaw'r munudau syml
    cynhwysfawr.
Ni ddiffydd dwyster
    oriau'r Tabernacl,
na democratiaeth dy gariad
at arwyr y llwch ofnadwy.
Dal i ffynnu a wna fflam
    dy goffa.

Alun Page

Carwyn James

Yn Llanymddyfri cofiwn y nos Sul
Y gwelsom Carwyn gyntaf yn y cwrdd,
A'i fechgyn coleg yn y seti cul
Yn eistedd o flaen sacrament y bwrdd.
Meistr ein hiaith a gŵr hyddysg yn ein llên,
Dewin y gêm sy'n rhoi i Gymro ias
Yn gwrando'r Gair sy'n gyfoes er yn hen,
A phlygu yno gerbron gorsedd gras.
Er iddo wedyn lwyddo ar y sgrîn
Yr wron unig ac yn eilun gwlad,
Bu'n ffyddlon byth i Grist y dorth a'r gwin,
Ac i'r pethe a berthyn i'n tref-tad.
Trist yw y genedl wrth dy golli di,
Cipiodd yr Angau ddarn o'i chalon hi.

William Davies
Castellnewydd Emlyn

Carwyn James
1929 - 1983

Ar yr awyr yrŵan—yn llennyrch
Llên a chelf ym mhobman;
Yn Salem, y gêm, a'r gân
Mae'r cof am Gymro cyfan.

Dic Jones